023

見えない世界の大切さ

野田泰義
KTX会長

中経マイウェイ新書

目次

はじめに

真珠湾攻撃の二カ月程前に生を受け、父を戦争で亡くし、言うに及ばず、誰しもが大きな痛手を身にまとう運命の中で、次第に「モノ造り」に喜びを感じ、特殊な電気鋳造金型『ポーラス電鋳®』を開発した。

お陰さまで、世界の多くの自動車メーカーの内外装のプラスチック成形部品金型として、使って頂けるまでになった。

「モノ造り」に関わる事になった大きな影響は、幼年時代からの好奇心旺盛なところから生まれる、豊富な実体験が原点にあったと思う。

それを後押ししてくれる人達、目に見えない「自然力」によって、社会が求めている物を、そのタイミングに合わせたように出来た事が、良かったのではないかと思う。

人は苦しい時代には助け合い、心と心の付き合いが出来て、「利他」の心を強く持つ。

豊かになればなるほど、その気持ちは薄らぎ、やがては「利己」の考え方に変化するのではないかと思う。反省しつつ、「いや」そうであってはならないと追いかけて来る邪気を撥《は》ね退けながら頑張っている、中小企業の創業者である。

中部経済新聞の連載企画「マイウェイ」に寄稿させて頂ける機会を通して、ややもすると「科学万能」に傾き、数値の比較で片付けられがちな社会風潮に、そうではないのだよ、「知恵と科学」「知識と実体験」の融合の中でこそ、調和のとれた発展があるはずだと思い、「自然力」という言葉で表現した。

私の今日までの歩みの中に、随所に考えられないほどの偶然だったり、ご縁だったりが出てくる。それは科学万能の考え方からでは生まれない。

むしろ「目に見えない力によって導かれている」と思える程の出来事を通して、いくらかでも見えない世界の大切さをお伝えする事が出来れば幸いと思っている。

筆者近影

父の出征

父は、三菱重工の名古屋工場で技術工として「零式艦上戦闘機」、いわゆる「零戦」の生産に身を置いて量産に励んでいた。私は、そのころの一九四一年に三菱重工の社宅で生まれている。

その後、「一式陸上攻撃機」、いわゆる「一式陸攻」の生産工場として岡山県の水島工場ができ、そこに配属された。水島工場には、OB会でしっかりした組織があって今でも機関誌を作成されている。お陰様で父の会社での生活環境も知ることができた。

水島工場で製作をして、鈴鹿航空隊で兵装、満載していよいよ南方戦地へ飛び立って行く「一式陸攻」を、当時見送った人が撮った写真も頂いた。この写真を見ていると身の震える思いになる。私たちは、防人《さきもり》の方々を忘れてはならない。ＯＢ会関係の皆様の熱意にも感謝している。

父は配属されて間もなくの一九四三年十一月五日に出征した。その日の水島の空は曇っていた。大きな松の木が植わっていた小高い堤に父と祖母、母、それに生まれたばかりの弟が祖母に背負われて居たように思う。堤の内側は広場になっていて大勢の人達がいた。

父は、私をその松の木の下に連れて行って小便をさせてくれた。それが父との最後の時間だった。二歳の私と〇歳の弟を残し、出征する別れの時であった。どんな言葉を最後に交わして、その大勢の人の中の一人となって行ったのかは知らない。当時二十八歳の父の心境を思う時、言葉にならない。

結局、終戦間近の一九四五年六月二十一日、仏領インドシナにて戦死した。三国同盟の下に戦ったのだが、イタリアは一九四五年五月四日に降伏に同意をし、ドイツは五月九日に停戦文書に調印をした。ドイツと同時に終戦を迎えていたらと思うと残念でならない。

今思うに、父は私の名前を付ける事で、自分がこの世に生きた存在感を精いっぱい示したと思う。私への将来の思いを爆発させる程、熱心に画数を考え、名前を付けているのでは無かったのかと想像している。

どれほど、姓名学を勉強していたかは母からは聞いていないが、私自身、この名前を大変気に入っていて感謝している。

一式陸攻の連帯飛行

父・野田孫一（故人）

疎開時代

防空頭巾《ずきん》をかぶせてもらい、祖母に背負われて逃げ回った記憶がある。

父方の知り合いである郡上郡相生村大字那比《なび》字久蔵（現郡上市八幡町）の伊藤久兵衛さん宅は江戸時代から代々続いた庄屋で、私達の為に小家を用意してくれた。ここで、疎開生活が始まった。

伊藤宅とは家族のようにさせてもらっていて、断りもなく出入りし、私は新しい新聞をインクの匂いを嗅ぎ分けて借りて来ていた。懐かしく思い出されて、そのころに大変お世話になった事に感謝している。

郡上弁には独特の響きがあり、地元で育った者が他の地域で耳にすると直ぐに郡上育ちだと分かる。日常生活の一コマに挨拶がある。お互いに顔が合うと「ヘッ、アッ」と挨拶を交わす。「ヘッ」で頭を下げる、次に「アッ」で頭を上げる。何ともリズミカルで心地良く、幼いながらも「おもしろいね、お婆さん」と話していた。

春になると祖母と一緒に山菜採りに毎日のように出かけたが、食事はいつも「雑炊」か「水団」か「芋粥」であったような気がする。その量を増やすためだったのだろうが、私は今でも「雑炊」が大好きで、山菜採りが大好きな人間になっている。

当時は人の排泄物が肥《こや》しとして大切に扱われていた。一里（約四キロ）程の道のりを「肥《こ》え桶《おけ》」を天秤に架ついで運ぶ。おそらく二桶で五十キロ以上になっていたのではないかと思われるが、「もらい肥え」である。それでも農家の人は喜んで汲み取りをしてくれる。今では考えられないエコ生活だった。

厠《かわや》は、どこの農家も屋外の別棟で作業がしやすいところにあった。石組で出来た「ため池」のようになっていて、二枚の足場板が載せてあるだけ。そこで用を足すのであるが、板の間隔は大人用で広い。蚕《かいこ》を育てる時は食い残した桑の葉、蚕の糞がその中に放り込まれる。

そんな処へお尻から「ドブーン」と落ちてしまった。大声を上げてわめいていたら母屋のおばさんと祖母がとんで来た。ウジ虫がいっぱい付いた身体を引き上げて下の谷で洗ってくれた。「便所に落ちた子は出世するから」と話していた隣のおばさんの慰めの言葉を覚えている。

伊藤家のご家族と一緒に（2014年5月撮影）

伯父が帰還

やがて戦地から、母の上の兄の加藤勝俊が戦友の「土屋さん」と共に帰って来た。土屋さんはいつも何を食べても「こりゃー、うんまわー」と口癖のように言って食べている人だった。戦地の生活から比べれば何を食べても美味しかったに違いない。

六畳二間と土間の借家には祖母、母、二人の従兄、伯父、土屋さん、私達兄弟とで八人の暮らしが始まり、とたんに賑やかな暮らしになった。

大きな缶が持ち込まれ、芋飴《いもあめ》作りが始まった。さつま芋を蒸して搗《つ》いて、布で越す。越し汁を大きな鍋に移し、小麦粉を入れ、砂糖を入れ、ふくらし粉を入れ粘りが出るまで煮る。戸板のようなところへ厚めに敷いた小麦粉をのせ、そこへ鍋からあけてみんなで協力して練る。

柔らかい餅のようになったところで、元気のよい伯父が肩に担いで柱にぶっつける。そして伸ばす事の繰り返しを何度も行い、やがて薄黄色だったものが、だんだん白くなっていった。少し冷めたところで親指程の太さに伸ばしてハサミで切り、小麦粉の中に放り込んで小麦粉をまぶし、芋飴となった。一斗缶に詰めて完成である。

母がそれを背負って名古屋に出かけ、物々交換して夜遅く帰ってくる。母は視力が弱く、暗い夜道は山側に棒をあてがい谷に落ちないように帰って来た事を何度も聞いた。今じゃ考えられないほど不衛生ではあったが、誰もそれで病気する事も無く、よく売れているようだった。

ときどき「カルメラ焼き」を家族が車座になって、歓声を上げながら造って楽しんだ。これは売り物ではなく、暗くなれば何もすることが無く、退屈しのぎと我々の子供達のご機嫌取りだったのかも知れない。

「おたま」に水とザラメを入れて、とろ火でトロトロと箸で混ぜながら、噴きこぼれないように、加減して砂糖を溶かす。タイミングを見て炭酸を入れ、一気にかき混ぜて火からおたまを遠ざけて、中心あたりに箸を立て首尾よくこんもりと膨らんで固まれば大成功である。

皆が何度も挑戦するが、形のよい美味しそうな「カルメラ焼き」を見た事が無かった。それでもテレビもラジオも無い時代には、そんな家族の遊びがとっても楽しかった。

当時の小家はなく、大きく変わっていた（2014年5月撮影）

お祭りつづき

その日は、青空が広がる良い日だった。朝から隣の伊藤さん宅に地域の人達が集まって来ていた。こんなに騒がしい事は始めてだった。戦地から二人の息子さんが無事に帰って来られるという事だった。

暫くすると、歓声が上がった。軍服に「金バッチ」をいくつも付けて、革の長靴に、サーベルに帽子と如何にも位が高そうな身なりは、幼い私にも凛々《りり》しく見えた。ご両親の喜びは計り知れないものであろうが、庭先にその姿は無かった。私達に気遣っての事だろう。

母屋は道路より十メートル程上がったところにドシーンと構えて建てられていた。玄関は大きく開けられていて、そこに起立し、敬礼をして「只今」、「利一、政次郎只今帰りました」と大きな声が聞こえてきた。その後を追うかのように近所の人達は母屋に入って行った。

しばらくすると、この地方の祝い唄が手拍子と共に繰り返し唄われた。「高い山から谷底みればヨー」「瓜や茄子の花盛りヨー」「もう一つドンドンドン、もう一つドンドンドン」

今でもあのリズムと歌詞は忘れる事が出来ない。

私は少し離れた榧《かや》の木にもたれて聞いていた。父が戦死している事は、母からは聞いていないがどうやら帰ってこないとは感じていた。そんなころの事、悲しさが込み上げていた。

数カ月も経っただろうか、あの唄がまた聞こえてきた、今度は結婚式らしい。数え四歳の秋だった。私は、お爺さん（伊藤久兵衛さん）が可愛がっていたうさぎ（私もよく遊んでいた）の両耳を、カマでバッサリ切ってしまっていた。悔しさの持っていき場が無かったのだと想う。

いつもニコニコしている優しいお爺さんがこの時ばかりは怒り、そして悲しんだ。周りの人達からとがめられる言葉は無かった。その事が区切りとなって、私にとって父との諦めに似た別れが出来たのだろうと後になってそう想う。

先日、伊藤家にお邪魔したら、主人の伊藤浩司さん（イトウ林産社長）は「母屋は築百五十年になる」と話してくれた。母屋は大きく重厚な趣のままであったが既に小家は無く、その跡は現代風の建物に変わっていた。家族の皆さんが出て来てくれて、当時の思い出話に花が咲いた。

伊藤家の玄関前で（2014 年 5 月撮影）

やけどの治療

小学校までは約四キロの距離があった。行きは途中の家の山下弘幸君を誘って行くのが常だった。帰りは木材を駅まで運んだ空馬車にぶら下ったり腰かけたりして、道草もし放題、おまけに空馬車は何台も通っていたので好都合だった。

馬主もただ淡々として、乗るなとも言わず、危ないから気をつけろとも言わず、話しかけられもせず、伸び伸びとした良い時代だった。

冬の前に、一クラスに二足の藁《わら》で編んだ長靴が配給されてくじ引きになった。私の住んでいたのは学校から更に奥深い山に入った所で、雪も多く長靴が何としても欲しかった。私は左から二本目を引いた。見事に当たった。そんなこともあり、今でもクジは左から二本目を引くことにしている。

小学校二年生になると伯父達は名古屋に戻り、母は小学校の「小使い」として勤める事となった為に、小学校に住所が変わった。昼になると小使い室まで飛んで帰って、両手に熱い湯（お茶ではなかった）の入ったヤカンを持って各教室に配る事を手伝った。

ある時、渡り板につまづいて熱い湯が両手を直撃、やけどしてしまった。そのまま水を掛けて冷やした後にそっと服を脱げば、まだ良かったかもしれないが、母が「どうしたのー」と言って服の上から強く握るものだから、服を脱ぐ時に両手の皮がベロベロとまくれてしまって余計に酷くなってしまった。

運よく、その場に火傷治療の経験者が居た。「火傷やったら漢方で治せるからすぐ準備をしてやる」と言ってくれた。キハダの粉を造り、それに習字に使う墨を摺《す》って混ぜ、そして練った物を何度も塗って包帯をする。この処置を繰り返し三カ月もしただろうか、病院にも行かず治す事が出来た。お陰様で今ではほとんど、その時の痕は残っていない。

その事があってから、ヤカンは各教室の先生が運ぶこととなり、私は最初の親孝行が出来たかなと思っている。小使い室は、先生の休憩室のような場所でもあった。入れ替わり立ち代り来て、四方山話《よもやまばなし》に花が咲き、母も楽しそうだった。

弟の恭造を肩車

溺れて命を落とすところ

自由にのびのび出来る事は危険とも隣り合わせだった。小学二年生の夏、長良川で溺れて死ぬところだった。まだ泳ぎを知らない時、胸から下の浅いところで逆さになり石を拾い上げる事が面白いころだった。

その場所は比較的流れが強く、また急に深くなっているところで、いつもとは違う慣れない泳ぎ場だった。腰ほどの深さの石の上に立っていたが、流れの勢いでバランスを失い、石から滑り落ちてしまった。立てるつもりが、足を取られて立てない。手をバタつかせて助けを求めたが、岸の人達は気づかない。

トッサにいつもやっていたように身体を逆さにして、抱きかかえても浮き上がらない程の石を選んでかかえながら、やっとの思いで岸に辿り着いて事なきを得た。岸に居た上級生達は、バタバタして遊んどると思っていたそうだ。

翌年、同じ場所で一年下の「豆腐屋さん」の一人息子さんが亡くなっている。小中学校はどこもプールが無く、近くの川でみんな泳いでいた。時には溺れて流され、「アユつり」の人達に運よく助けてもらう子どもも、ひと夏に少なくなかった。

私は、思うとすぐに実行してしまうタイプで今も変わらない。障子に火を点けた事もあった。

四年生になると、住まいを父方の伯父の所に替えた。伯父は村で鍛冶屋を兼ねた農業を営んでいた。そのころ母は田舎で出来たものを名古屋に持って行き、名古屋から田舎で売れる物を持って帰るといった、行商のような事をやって、家計のやりくりをしていたようだった。

それは祖母と私と二人の時だった。八畳ほどの住まいと作業場の間は四枚の障子で仕切られていた。何故か私は事もあろうにその障子に火を点けた。手で叩けば消えるだろうくらいの軽い気持ちだった。

ところが、火が走る速さのあまりにも早い事に何も手を出せず、ただ「えらいこっちゃー」と思って祖母と一緒にただ慌てふためいた。一瞬の出来事ではあったが、幸い障子紙を全て焼いただけで鎮火した。火遊びの怖さをからだで体験した一コマだった。

溺れた現地は当時とほとんど変わっていない
(2014 年 5 月撮影)

蛇も逃げれば追ってくる

長良川の川岸で同級生の武藤好彰君と遊んでいた。彼は現在、建築業を営んでいる。漁師の船が川の流れとは異なる少し淀んだ岩陰に止めてあった。それに乗りこんで竹竿で川底を着きあげて進めるのであるが、竹竿を立てたその時に竹の上部が大きな岩に当たってしまった。

事もあろうにそこには蛇がいて、その衝撃で蛇が二人の間に落ちてきた。ビックリ仰天、二人は舟から飛び降り、川岸を一目散に逃げた。蛇は我々二人を追ってくる。

「蛇も逃げれば追ってくる」

凄い恐怖だった。意外に早い。暫く走って振り向くと、蛇との間は恐れる程では無くなっていた。今度は向かってくる蛇を目がけて石を投げて威嚇《いかく》した。

それがエスカレートして、その内の一つが蛇に当たった。蛇の生殺しは化けて出てくると言われていたから殺してしまい、おまけに皮まで剥ぎとってしまった。以外に簡単に剥ぎとれた。

誰もが、当時はナイフを持っていることが当たり前の時代であった。切れ味の良いナイフを持っている事を競い合って楽しんでいる時代だった。

話は少々脱線する。危ないから持たせない、個人情報の関係で同窓会名簿が出来ない、野焼きが出来ない、あれダメ、これダメ、原発ダメ…。全てを一律に否定するのではなく、限られたところでは肯定してもいいのではないかと感じている。

賞味期限で随分廃棄されている食品もある。だが、製造年月日が明記されていれば、後は消費者が購入してからの扱いに応じて舌で決めれば良い。それがこの頃では賞味期限が切れていたら口に入れてはならないと判断しているようで、誠にもったいない話である。

ナイフを持ってはいけない時代になって、日本のお家芸である器用さも損なわれつつあり、残念である。弊社も入社時に簡単な「もの削り」のテストを行っているが、その結果は情けない限りである。

ナイフで紙を切ったくらいで、物を削った事が無いものだから出来栄えは下の下。ところが、慣れたら器用という人もいるので、どうやらこのテストもあてにならない事が判った。

現在の長良川の川岸。船が繋いであった淀みは砂で埋ってしまっていた（2014年5月撮影）

原点は実体験

郡上では、素晴らしい自然環境と人に囲まれて伸び伸び育った。今から思えば破天荒とも言える幼少期の体験は、その後の私のモノ造りの原点となって、幾多の場面の決断を支えてくれている。

この実体験が伴った物事の判断が「勘」とか、「ヒラメキ」とか、「運」と噛み合って素晴らしいモノ造りが出来るのだと思う。「科学的根拠」のみが、モノ造りの全てだと考えるとしたらそれは間違いだ。「運」をつかむという事は、また別の道があると思っているが、ここでは触れない。

六年生の時、母方の伯父（仏壇製造業）の名古屋の家で一年間母と別れて生活をすることになった。伯父、叔母にとっては上手く馴染んでくれたら後継者にしたいという思いもあったようだ。

転校して直ぐに立川武蔵君と三宅尚光君が友達になってくれた。二人とも成績も良く、全てに大人の雰囲気を持っていた。三宅君は長栄寺の息子で、六月に入ると出羽ノ海一門（当時は出羽ノ海部屋、春日野部屋をいう）の宿舎になった。

横綱千代の山、大関栃錦をはじめ、そうそうたる関取がいた。朝稽古《けいこ》はすさまじい光景で、竹箒《ほうき》が扱《しご》きの道具に使われていた。学校から帰ってすぐ風呂屋（梅の湯）に行けば、関取と一緒に風呂に入る事も出来た。三宅君は小柄ではあったが相撲はめっぽう強かった。「成山関」から教わっていると聞いた。

田舎の暮らしと都会の暮らしを体験出来たが、都会のそれは全てが造られた物に対する体験であり、田舎は自然に向き合った体験だった。今日、大手企業や国の研究所が自然に恵まれたところに設置されている場合が多い事は人材の面に於いても頷ける。実体験こそが大切であり、困難に即応できる感覚が自然に身につくように思える。

今日、モノ造りの現場において困った現象を感じる。決断を下すべき立場の人の体験不足からくるのではないかと思われる「決められない現象」である。時間の浪費に加えて発注遅れになるのである。発注遅れを取り戻す事が、二次、三次下請けの頑張りに掛って来ている事が現実である。

伯父の喜三郎（左）と写真館で

名古屋城への花見会（2列目左から3人目）

実体験の場

中学になると、また住まいが郡上の田舎に変わった。母は森林組合の住み込みの事務員となった。林業関係、土木関係、苗木屋を含め出入りは多く、現代と違って活況であった。事務所の掃除は私の係だった。潰した「お茶の実」を袋に入れて、廊下はそれで磨いた。土間は「茶の出しがら」を撒いて掃き掃除をした。

植樹の時期は忙しかった。杉、松、ヒノキの苗がそれぞれ一年生、二年生、三年生と有った。注文数をリヤカーに積んで、遠くは六キロほど奥深い農家にも運んだ。農家の軒先に降ろして確認をして頂くという日々が続いた。

応接間には工事用のダイナマイトが持ち込まれていた時もあった。当時は随分ずさんな扱いだった。

「坊、これはハッパ（ダイナマイト）やでな。当てるとブッ飛ぶぞ」

それだけの注意だった。当時の林道造りにはハッパ作業は欠かせない手段であり、毎日のようにどこかでハッパの音は聞こえていた。

可児六兵衛さんは町会議員をやっていた。小柄ではあったが、元気の良いおじさんだった。何時も組合事務所に来る時はオート三輪の『くろがね号』で来ていた。「坊、乗ってみるか」と言って、中学一年生の私に鍵を渡してくれた。

「有難う」

これほど、嬉しい事は無かった。

「貸しとくれ」と言ってオート三輪を運転して、中学校まで七百メートルほどの狭い坂道を登りきり、学校のグラウンドで何周も走り回った。坂をおりきったところが事務所だった。

「おじさんありがとう、また貸しとくれ」

「おー」

こんな良き時代でもあった。

兎の耳が補助金の対象だったりした。杉やヒノキの新芽を食うから林業者にとっては、困った存在だった。両耳を針金に通して持ち込まれていた。

シイタケ菌、木炭、農薬、いろいろ扱っていたが、それらの手伝いもやっていた。食べる物も今では珍しいが兎、熊、鹿、猪、キジ、山鳥が持ち込まれていた。

「すき焼き」の材料となっていた。ただ兎の肉は固くて噛むことが出来ないほどだった。松茸が豊富にあったので一番の御馳走だった。

相生森林組合の当時の建物

名犬「チビ」

ここで賢い犬の話をしたいと思う。

近くの山下三郎さんが飼っていた（当時は放し飼い）「チビ」という名の柴犬である。毎朝、私が掃除をしていると前足で斜めに戸を蹴って開け事務所に入ってくる。挨拶回りのようだった。私がストーブで暖を取っている時は、膝に顎を載せて眠っている。

その日は雪が降りゆったりとした時間が流れていた。家族は野良猫には困り果てていた。戸棚を勝手に開けて、食べられる物は何でも食べてしまう。憎っくきネコが台所に来ている気配がお皿の落ちる音で判った。「チビ、おっす」と音のした方を指して言った。彼は一大事とばかりに飛び出して行った。

私と「チビ」との関係は、ある事件をきっかけに生まれた。それは、別の大柄な飼い犬「おっす」と「チビ」とが本気で戦った時があった。私は「チビ」に加担をした。そして勝利した時から私とチビとの関係は深まった。

わたしが嫌っているもの、全てが「おっす」。その様に理解しているようだった。普段優しいのだが、私が「おっす」と指させば、どんなものや、人にも飛びかかって行くそんな関係が出来ていた。

寒い夕暮時なった。チビはネコをどこまでも追いまわし、ついに柿の木の高い枝まで追い詰めていた。夜になってコンコンと雪が降り積もった。彼は目を離すことなく二日が過ぎた。

「チビ頑張れ」と言って学校に行く。帰って来たら柿の木にネコがいない。「チビ」は私の帰りを待っていたようだった。彼は合図でもするかのように首を大きく振って、ついて来いと言わんばかりの仕草だった。彼についていくと八十メートル程離れた材木置き場だった。

前足で掘ってネコを取り出して見せた。「チビよくやったぞ」と褒めてやり、頭を何度も撫ぜてやった。何という賢い犬だ、これは本当に犬かと疑うほどだった。ところが、さらに驚いた。彼はまた、元のようにネコを埋めて、何事もなかったかのごとく土をならしていた。人と犬の関係もそこまで深く付き合える事を実感した。

私が高校生になって名古屋に行って間もなくして、「チビ」が死んだ事を弟から聞いた。

「チビ」と弟（左）と友人の牛久保君

母の口癖

母は、いつも言っていたことが三つあった。

一つ目は「片親で育った子だからあんな子になった—と言われないようになりなさい」。

母は大そう負けず嫌いのところがあってその思いは相当強かった。私自身も何時しかその気になっていたようだった。「もう判ったよ」と言い返したい程だった。「勉強をしなさい」とは一度も言われなかった。

二つ目は「やる事をやってから遊べ」。

これは良い例があった。組合員の小林さんは、仲間が「街へ遊びに行かんかい（行かないかい）」と誘いに来ると、

「今日は、せんならん（やらなければならない）事があるでよー、また、誘っ

とくれ」

そう言って何度か断っていたそうだ。そのうちに自分の持ち山をきれいにして、植林も全て済ませたそうだ。そして仲間に「今度は付いて行くでよ、誘っとくれ」と言ったそうだ。

後日、仲間の一人が森林組合に来て母に言った。

「小林さんは偉いもんや、ほかっておいても木は育つんやで。俺んた、今から山の手入れからせんならんのやでー」

この話は、説得力があり、納得出来た。

昨今は、「やる時はしっかりやって、遊ぶ時もしっかり遊ぶ」が優れたビジネスマンの鏡のように言われるところだが、考え方によっては叱咤激励にもとれる良い言葉だった。

三つ目は「どうせやるなら楽しくやれ」。

私が、いつも頼まれたことを「ダラダラ」「グズグズ」「イヤイヤ」やるものだから、その都度この言葉がすぐに切り返されるように言われたものだった。

これは社会人となって幾つもの教訓につながったのである。言葉の歯切れ良さ、お金の支払い、食事のいただき方、仕事の受け方、仕事に対する姿勢、すべてが「ダラダラ」「グズグズ」「イヤイヤ」やっていたのでは運も逃げてしまう。何事もどうせやるなら楽しくやりたいものだ。

「どうせ支払うべき、お金であれば気持ちよく早く支払え」である。「お金が生きる」という使い方であろう。

組合事務所の２階で（左から母、弟と）

将来への想い

将来を考え始める中学生時代は、陸軍幼年学校出身の武藤正文先生に三年間担任して頂いた。口の中に「梅干」が入っているかのようだったので、「梅干先生」と言うニックネームが付いていた。学校以外でもクラシック音楽、囲碁等も教わった。ある面、私はこの先生にいいところを見せようと頑張って来た、ともいえよう。

八十七歳を過ぎた今も元気に過ごされている。ありがたい事だ。

高校はモノ造りがしたい一心で岐阜工業高校に進んだ。クラブは水泳部を選んだ。一番、お金が掛からず身体が鍛えられるからだ。軍人遺家族選奨生の奨学金は月額千円を頂き、授業料は月額千三百円であった。

母からの支送りは二千円だった。尊いおカネと真に感じ、小遣い帳を付けて管理した。今も大切に保存している。友達にも貸したり、借りたりしていたが全て記帳した。貸したものは必ず返してもらっているし、またその逆もあったが明確になっていた。

伯父の家があった名古屋の中村から笠松に通っていた。二人の従兄の中に私が入り、三人兄弟のような日々だった。

将来の事を誰に相談することも無く模索していた時代に、武者小路実篤の『わが人生論』に出会って、これを繰り返し読んだ。その本で得たものは「人はこの世に生を受けたるは二千億分の一の確率」ということだ。

自分がこの世に存在する尊さを知り、生かされているのだという事も理解出来た。自分の存在も尊いが、他人も同じだとも思った。

大変な確率で生を受けたからには、それぞれ全ての人は使命を持って生れてきているのだ。従って自分の使命を見つけなさい——というような内容だった。

「この道より我を生かす道なしこの道を歩む」も先生の言葉であるが、理解出来ていた。

社会人となる為には、特別なパワーとか不動心を持ち合わせたいと思っていた。そんな時に友人の星野君から「巨人軍の川上選手が行っている正眼寺に、一緒に行かないか」との誘いがあった。即座に「行きたい」と応えた。

先生から僅かな言葉が記載された名刺と少々のお金、日記帳、万年筆、それに下着だけを持って厳粛な気持ちで寺を訪れた。特別に雪深い日だった。

水泳部の仲間たち（2列目左から2人目）

井深の正眼寺

一九五八年十二月二十七日、加茂野駅から「正眼寺」までの道を、雪をかき分け辿り着いた。その日は腰まで程の雪だった。「こんにちはー」と二人が精いっぱいの声を張り上げた時、「どーれ」と奥から雲水《うんすい》さんが現れた。「ふうさん」と呼ばれていた人の部屋に通された（後の谷耕月《たにこうげつ》老師、臨済宗妙心寺第六百七十三世になられている）。穏やかな笑みを浮かべたお顔で、開口一番「何を志して来たか？」と聞かれた。

「私は母を食わせていかなければなりません。皆よりもその分おカネを稼がないといけませんので、身体と心を鍛えたいと思ってきました」と答えた。星野君は「ボクシングのバンタム級でインターハイ2位という実力で、更に上を目指したいから」と言った。

「そうか、川上選手も一週間前までここに居たよ。彼は当たっていた（調子が良かった）時は、ボールがドッジボールくらいに見えたそうだ」

そんな話もして頂き、私達のカチカチの緊張を解いて頂いた。そこに雲水さんがお茶を出してくれた。その雲水さんに向かって、「その場、その場で、人を見て行動しなさい。学生さんにはコーヒーの方が良いのかな」と言われた事を思い出した。

「ここではサボろうと思えば幾らでもサボれる。一生懸命やろうと思えば、これも限りがない。サボるのも、頑張るのも、君達次第だ。帰る時に本当にここに来て良かったと思えるようにしっかりやりなさい」と諭された後、お寺の歴史と「禅宗」という教えについてお話を頂いた。

「有言実行」こそが禅の教えの真髄である、とも言われ、座布団を二枚ずつ手渡された。なるほど「社会人になってもそういうことなのだ。とにかく精いっぱい頑張ろう」と思った。

部屋を出る時に「費用はどのようにしたらよろしいですか?」と聞くと、「一日六十円を頂くよ」といわれた。二週間の正眼寺での生活が始まった。

翌二十八日は深夜一時から餅つきであった。一臼に三人が機関銃のように搗《っ》くのである。しばらく搗いて手コネで返し、また搗くを繰り返す。水を最小限にしか使っていないようで、粘りのある美味しい餅が出来る。

正眼寺の庭で２人のスナップ（左）

正眼寺の体験

「おろし餅」用の大根摺《す》りを頼まれた。観たことが無い程大きなすり鉢に、いっぱいになるまで摺った。裸足が床板の隙間風に堪《こた》えた。搗きたての餅と大根おろしを碗に入れて一気に頬張る。これは最高に美味しい餅の食べ方だと思う。

他にも餅を油で軽く揚げて碗に入れ、美味しいこぶ出し汁をぶっかけて柚の皮のみじん切りを入れる。これが「揚げ餅」で美味しい。

通常の朝は四時半起床、五時からおつとめ、朝食、そして掃除といった具合で一日が過ぎる。

ところで「雲水の粥」という言葉がある。言う（湯）だけで、実体が伴わない事をもじったシャレである。食事は厳格な作法の下で頂くものである。特に禅宗では托鉢《たくはつ》に始まって、食をすることの尊さを教わるのである。

席順も厳格に決められている。私達のような飛び入りは、もちろん一番末席である。「般若心経」を唱えながら「持鉢《じはつ》（自分の食器）」を広げ、「飯器《はんき》（桶に入った粥）」「什器」「菜器《さいき》」が上席から回ってきて、各自碗に取って後に回すのである。濃いお粥も私達の席まで来れば、正に「雲水の粥」なのである。

「湯ーばっか」

「拍子木《ひょうしぎ》」の合図で頂き、一切の音を出さず、早く頂くのである。

「時は人を待たず」

例えば便所に行く時も、帰る時も駆け足である。掃除では、雑巾《ぞうきん》の滴を落として叱られた。滴の跡がハッキリ残ってしまうからである。便器も舐める程にきれいにするのである。

一年間、食事に欠かせない沢庵《たくあん》漬けを仕込むのもこの時期であった。直径が一・五メートル程の大きな桶の底に、まず糠《ぬか》と塩を混ぜた「糠塩」を敷き詰め、その上に隙間の出来ないように、かねてから軒下に干してあった大根、その上に再び「糠塩」を敷き詰め足で踏みつける。この繰り返しで二桶いっぱいに漬け込むのである。指導を受けながら一桶は、私一人で漬け込んだ。

雪の中、托鉢から帰った雲水さん達は、まずは托鉢で頂いた品をお供えしてお経を唱える。その後であろうと思われるが、囲炉裏の周りに集まって世間話に花を咲かせて、和気合い合いに頂くのである。私達も仲間に入れて頂いて楽しい思いをさせてもらった。

正眼寺の山門に立つ５人（右から２人目）

梶浦老師の講話

梶浦逸外《いつがい》老師（後に臨済宗妙心寺第二十五世管長）の、年始を迎えるに当たっての講話を拝聴できた。

お寺に御厄介になって初めて拝顔出来るかと思いきや、「只今から老師がお入りになります。頭をお下げください、ハイ」と頭を畳に当てて拝聴するのである。

本堂中央の「講座台」にお座りになる気配を感じた。「私は耳を百にして聞き入った」と日記に書いている。そこで梶浦老師の講話がはじまった。

「私は年末にあたってだ、皆に一生の謀《はかりごと》をせよと、さいさいから言っておいたがだ、出来ておらん者はだ、しっかりした謀を立ててもらいたい。私が、現在こうしているのはだ、十二の時の謀を実行したまでだ。孫末代までとは言わん、せめて自分一生のしっかりした謀をして、それに向かって進んでもらいたい」

「謀をするに当たってはだ、正しいことをしなさい」

「正しいことであれば、始め己ひとりで、相手が何万で有ろうともだ、必ず成就出来る」

「間違った事で有ればだ、味方が何万もいて、相手が一人であってもだ、成就出来ない」

「正眼短期大学の創設に当たってはだ。始め、本山までも大反対をしたがだ。私は、この大学の創設は正しい行いで有る事を確信し、粘り強く関係者の説得に努めた。その結果、昭和三十年四月に開学する事が出来た。正しい謀をして、それに向かって一心に進みなさい。終わり」

暫《しば》くして「頭を上げなさい」と言われた時には、老師の姿はそこには無かった。ふしぎであるが梶浦逸外老師の言葉、後の谷耕月老師の言葉、すべてがハッキリと頭の中に染《し》み透《とお》っている。この凄い力は何だろう。

「除夜の鐘撞《つ》き」も体験できた。百八個の煎《い》った大豆が「趣のある器」に用意されていた。厳寒の大晦日だった。

「雲水さん撞かして下さい」

私がお願いすると、雲水さんが「撞け」と言ってくれたので、鐘撞台まで上がっていった。

「始めに一回、しばらく置いてから二回続けて撞きなさい。これから除夜の鐘突きが始まると言う合図だ。それからは一回撞いたら一個の豆を食え、音が聞こえなくなったら次を撞け、いやになったら私を起こしなさい」

「ハイ」と応えると年末の酒のせいか、すぐに鼾《いびき》に変わっていた。

梶浦逸外老師

二人の老師から

いよいよ正眼寺を後にする時が来た。光栄にも、我々二人は老師の部屋に通されて直接お話を聞かせて頂く事が出来た。「ふうさん」にも同席頂いた。

「『禅』と言うものは、どんな事でも実際に自分の身体で受け止めてそれを実行することである。理屈ではいけない、理論ではいけない、実行である。『為せば成る、為さねば成らぬ、何事も、成らぬは人の為さぬなりけり』。解るか」

「勤めるようになったら、他人は十分働くだろうから、十二分に働きなさい、二分の蓄積がやがて花咲く元になるぞ」

「転がる石に苔生えずじゃ、職場は替えるではないぞ」

「『窮して変じ、変じて通ず』。人はトコトン困った時がチャンス、どん底に到達すると見えて来る。どん底だと思った時が来たら、シメタと思え」

「貯金をしなさい。老師これだけ貯まりましたと言って見せに来なさい。君たちはこの寺に来たからにはもう寺の者じゃ、アポイントはいらんぞ」

「結婚までに百万円は貯めなさい。まず、十万円を貯めなさい。株は買ってもよろしい。借りて買ってはいけません。信用取引もしてはいけません」

「やがては一国一城の主に成れよ。その時の心得は、十人の時は十人の社長、百人の時は百人の社長、千人の時は千人の社長になれ」

いろいろとお話をお聞きすることが出来た。

最後に「仲良くやれよ」「仲良くする事は大切だよ」と言われた。「君たちにこれをあげよう」とおっしゃられて、色紙をいただいた。予《あからじ》め用意されていた色紙には「和」の一文字があった。

バス停まで三人の雲水さんが見送りに来てくれた。星野君が「肉が食いたい！」と叫んで、皆が腹を抱えて笑った。

ここで教わった事は絶対やって見せるぞと心に誓って、一九五九年一月七日に正眼寺を後にした。これからの本書中で、その都度立ち向かった時に教えを頂いた事と結び付けて、感謝の気持ちをこめ記載したいと思っている。

「和」の書

両老師の合作書

一筋の道に点火

上の従兄は、母方の伯父が経営する「山平鋳造所」に勤めていた。薄給の中から、時には中日球場（現ナゴヤ球場）にも連れて行ってくれた。早朝から私達の弁当を作り、勤めに行く。帰りは残業も多く、職場環境の関係で顔も黒くなって帰宅していた。

そんなある時、やけどまでして帰って来た。聞けば「湯が飛んだ」と言う。溶けた鋳物を砂型の中に流し込む時、時折〝ゲップ〟のように空気が噴出してくる。その勢いがいいと鋳物までも噴出し、それが顔に当たると溶けた鋳物で大やけどをすることになってしまうらしい。

従兄の顔を見たときに、心の底から助けてやりたかった。電気で鋳造は出来無いものか、電気鋳造はないか、当時は、電気を使えば何でも楽が出来る時代であった。

昨日まで毎朝、氷を配達して来てくれていたものが今日から電気冷蔵庫。ホウキで掃いていたものが、今日から電気掃除機。そして電気洗濯機など、当時は「電気」を頭に付けた物が生活の向上に繋がって居て便利だった。

「いとこを助けてやりたい」

「電気鋳造」

これが、この時に頭の中に焼きついたのである。それからが「摩訶不思議」の世界が待っているのだった。「科学万能」の考えから逸脱する世界が広がって行ったのである。

「因果応報」とよく言われる事であるが、人は善き事を想い、善き事を行うと良き運勢が開ける。その逆も良くある事と思うべきで、「あてがい」と言う言葉が腹におちる。

人の為にやる、家族の為にやる、社会の為になるからやる。これが起業の原点にならないと、いくら努力しても成就しないように思う。つまり、考え方の原点が間違っているからだと思う。

その点で、電気鋳造をしたいという気持ちを持てた事は良かったと思う。梶浦老師の言葉のように「正しい考えであれば必ず成就できる」のである。

社会人になる為の準備は充分出来ていた。スタート台に立ってホイッスルを待つばかりのベストの状態であり、早く就職したい気持ちが日に日に高まるばかりであった。

従兄の勝弘夫婦と祖父母の墓参り（中央）

スタートは躓いたかに見えた

「縁故で、大手の石油会社に就職できるようになっているから心配しなくて良い」と母は言う。ところが、騙《だま》しの手口だったと気づいたのは夏休みの終わりころだった。

急いで先生の処に行き就職希望組に加えて頂いたが、既に大方の求人会社は埋まっていた。それでも二社残っていた。名古屋ゴムと井上護謨工業だった。

今は豊田合成とイノアックコーポレーション。どちらも一流の大企業ではあるが、当時はそうでもなかった。現在では両会社は弊社のお客様であり、たくさんのお取引をさせて頂いていて感謝している。

受験の前に先生に尋ねた。

「先生、どちらが小さい会社ですか」

先生いわく「片方は名古屋、もう片方は井上だから、名前からすれば井上護謨だろう」。

結構いい加減の答えだった。そこで井上護謨を受験し、入社後、ＭＴＰ化成というウレタン発泡を主体とする会社に配属された。

自分としては、その方が活躍出来そうであり、自分を生かせると考えたからである。初任給は残業代も加えて手取りで六千円程だった。弟に小遣いとして五百円を渡し、母には三千円を渡した。母も弟も想像以上に喜んでくれた。

その時の事が忘れられず、今でも新入社員を集めてする話の中に、必ず「最初の給料の尊さ」の話をして激励している。

「やがて皆さんに手渡される最初の給料は、どれ程価値があるか計り知れない。今まで育ててきた御両親にとっては、やっと払い出す側の責任から解放されるという大変晴れやかな嬉しい節目だ。これ程、重みがあって、大切で、尊いお金は無いよ。使い方によっては人生が変わる、生き方まで変わる。これ以上、尊いお金は無い。しかもこのチャンスは一生に一度しか無い。だからそれぞれが自分なりに考えて最高の使い方をしなさい」

どのように使っているかは知るところではないが、社員は真面目な人も多く、計画的な生き方を心がけてか、新築の報告も意外に多いので、その気になって取り組んでくれている事を感じ、嬉しく思っている。

話は戻すが、この就職出来た段階で、見えない電気鋳造への階段を一歩進めていたのだった。

出張先の呉造船でウレタン注入工事に立ち会う

靖国神社の参拝

就職して間もなく、遺族会の計らいで靖国神社に参拝する機会を頂いた。郡上八幡からバス数台に遺児ばかり集めての参拝だった。

本殿に上がり、正式参拝をさせて頂いた。宮司さんが「良くお参りに来てくれました、今からここに皆さんのお父さんが皆さんの前にお出ましになられます。皆さんは、日ごろの思いを充分お話し下さい。お父さんはお聞きになっておられます」と仰られたまま、静かな時間が過ぎた。

その時、父の無念さを想うと涙があふれ、止まらなかった。

「親父の分まで頑張って生きるから見ていてくれ」

心の中で何度も、何度も頭を畳に擦り付けんばかりにして繰り返し誓った。

ある意味で、私の人生の誓いでもあった。

その時は不思議にも、本当に父の姿が目の前に現れていたような気がした。お墓参りとは全く異なった気持ちになれる。靖国神社には、人生の節目に参拝をして報告をしているが、私たち遺族には特別なところである。

中国、韓国が日本の総理大臣が参拝する度に反対をして、我々にとっては不愉快な思いをさせられている。内政干渉以外の何物でもないと思う。彼ら国の民を束ねる為の一手段だとしたら、この上なき迷惑な話である。

御霊《みたま》に祈りを捧げる事によって、「皆様のお陰で我々は今、こうして世の中で子孫の繁栄を図り活躍をさせて頂いております。ありがとうございます」というお礼と感謝の気持ちを持ち続け、そして故人をしのぶ。それ以外は何も無い。

「おかげさまで元気ですから、安心してお眠りください」という報告をさせて頂いているのであって、再び戦争するかのような、危険因子を育てているかのような言いがかりは慎んで頂きたい。私たちはむしろ平和を願うからこそ参拝するのである。

二〇一〇年十一月十二日、関係の皆様のお引き立てのお陰で藍綬褒章を受章させて頂き、全国の受章者を代表して賞状を頂く事ができた。その後、宮中の豊明殿において、勿体無くも今上天皇陛下からのお言葉を拝聴した時も、家内と共に参拝し報告をしている。

戦場に父を見送ってから六十七年が過ぎていた。

藍綬褒章の祝賀会（前列筆者と妻の詔子、後列左から藤川参議院議員、伊神秘書、神田愛知県知事、奥村愛知県議会議長、堀江南市長、大塚江南商工会議所会頭）

電鋳に進めと天の声

一九六〇年十月に「協豊会短期大学講座」が発足した。「企業は人なり、人を育てるべし」との号令の元、トヨタ自動車工業（現トヨタ自動車）の石田退三社長が先頭になって進められたのであろう。会社からの推薦で、名古屋工業大学まで夜間授業を受けに二年間通った。皆、真剣に授業を受けた。ほんとうに嬉しかった。

会社では、硬質ウレタンの製造作業に携わった。先輩は後輩の面倒を良く見てくれた。素晴らしい社風だった。

今とは全く違う作業環境で比較にならないが、発泡ガスを吸いこむ事で徐々に変調を来たし、咳《せき》も止まらなくなった。気を遣ってくれた上司が、設計に廻してくれた。

ある時、電気鋳造（以後、「電鋳」という）の業務が私の所に舞い込んできた。

「君は化学屋だから、クラウンのアームレストは電鋳型で表皮を生産するから取り組んで欲しい」

国内の車では初めての事だった。

一年後輩の辻氏と二人三脚で試行錯誤を繰り返して取り組んで、社内で生産用金型が出来るまでにした。しかし、体調は優れず、夜中には咳き込んで眠れない日も続いた。

人生の相談役でもあった、正眼寺の梶浦老師に相談に行った。一通りのいきさつをお話して、会社を辞めるべきか、続けるべきかをお聞きした。老師は重苦しい表情で「ウーン」と言われたまま、後に続く言葉が出てこなかった。しばらく沈黙が続いた。

そのうちに私の背後で、雲水さんが「老師、次のお客様がお待ちです。いかが致しましょう」と大きな声。「通せ」と言われて、私はその場を立った。帰り道に考えた結果、「自分自身で判断をして進むが良かろう」とおっしゃりたかったのだろうと理解をして、退社する事を決意した。

一九六三年、伯父の営む仏壇店で働くことにした。既に、弟も養子という存在で勤めていた。その当時は伊勢湾台風の特需で、仏壇は作れば売れる状態だった。

飾り金物師が不足していたので、飾り金物を銅電鋳で造るために小さな倉庫に銅電鋳設備を作って、片手間に電鋳金物を造った。ここでも意図しないで電鋳にかかわってしまっていた。不思議な事である。

寝る間も惜しんで働いた。朝、大将が「今日は、十本（仏壇）仕上げるぞ！」と号令をかけた日は、完成させないと作業場に寝具が敷けない。そんな状況でも楽しく働くことが出来た。

MTP 化成時代の加藤先輩（右）と

伊勢湾台風特需で繁忙

仏壇製造業は、今日では落ち着いた地味とも言える業界であるが、私が転職した当時は超繁忙期であった。そして、税務署への対応も経験した。インフレの品不足に加えて職人不足だった。職人さんには仕事に専念してもらう為に、自分が手足となって飛び回った。

伯父は支払いに際して一つの揺るがない考え方を持っていた。

「泰義、職人の持って来る請求書は絶対こぎるな（値切るな）。高いと思いどうしても納得が出来なかったら、次からそこには仕事を出すな」

この考え方は、私も事業を始めてから永い間続けた。

最近までのようなデフレ経済下では難しい面もあるが、当時のインフレ下においては、コスト、品質、納期を安定した製造を行う上で、全てスムーズに事が運んだ。協力会社はほとんどが家族経営で、主人が職人である形態が多かった。職人さんの収入も多かった。それは永い下積み時代に薄給だった為の、いわば当然の事と弁《わきま》えていた。

さまざまな人が出入りした。なかでも印象深い人は「前借りタイプ」で、借金の雪だるま型である。ちょっと生活を改善すれば解決出来る事だった。お酒好きから脱却が図れないのである。時には、前借りしているところの仕事は途中で放棄して、新規に受けた仕事に対して前借りをする為に、仕事を手がける。

いよいよ手に負えなくなると、職人を大将に引き合わせる。一時的に改心をして正常に戻ったかに見えるが、その繰り返しであった。いつも、生活改善すればいやな思いをして前借りしなくても良くなるのにと思いながらお金をお渡ししていたが、人間は悪い癖から脱却する事はなかなか難しい動物だと思った。

他から見ると「どん底生活」でも、本人はまだ「どん底」と気づいていないようだった。トコトン「どん底」にならないと、真に改心が出来ないものだと思った。

お陰さまで独立に際して勉強すべき最低限の事をここで教わり、貴重な実体験をさせてもらう事ができ、感謝している。叔父は私の独立に関してはいつも暖かく応援をしてくれていた。

加藤仏壇店のころの同僚（左）と

使命は電気鋳造

それに向かって固い決意で進むのでは無く、気づいたら電鋳に進んでいた状態だった。自然に物事が運んだ。「座右の銘は」と尋ねられる時があるが、「自《じ》然法爾《ねんほうに》」と答えているのは、これまでの事を考え合わせるとその言葉に行き着いたからである。「生かされて、生きる」―そんな感じである。

私とご縁があった周囲の方々が私の気づかない所で応援や取り計らいをして頂いていたからこそ、とは思うが、あたかもスムーズに事が運んだがごとく錯覚している面も多々あったことと思う。

始めは半サラ半自営からのスタートだった。江南市の東野町に塗装業を営んでいた恒川さんの紹介で、大森さんから六十八坪の芋畑をお借りして、スレート造りの小さな作業場兼住まいを建て、仏壇の「飾り金物」製造から始めたのは一九六五年の一月の事である。

資金は「就職してから貯金をしなさい」との老師の言葉を護《まも》り、無駄遣いは極力抑え、全て母に送っていた。母の援助もあって、作業場兼住まいは二百万円で出来た。運転資金は仏壇店で蓄えた五十万円でスタートした。

「自分に与えられた使命は何だ」と自問自答していた時期が長く続いた。この建物を建てるにあたり振り返って考える機会となった。不思議に電鋳との縁が強い事に気づいた。「自分の使命は電鋳である」と決めると、目標がはっきり出来て、力が湧いてくる感じだった。

「江南特殊工業」として起業し、法人とするまでの土台づくりに十年掛かった。無理をせず、出来る範囲の事しかせず、借金もせず、傍《はた》から見たらチマチマやっているように見えたに違いない。昼間は伯父の事業の仕事、日暮れから自営である飾り金物製作準備という時間割が一年程続いた。

電鋳設備は二槽からスタートした。設備は入れたものの仕事は全くなかった。電鋳の仕事そのものがほとんど無い時代だったから当然だった。それでも技術力をアップさせるために、いつもテストを繰り返していた。

作業場工事

江南市東野町に建てた作業場兼住居

電気鋳造

ここで「電鋳」について説明すると、我々がよく目にする金属あるいはプラスチックにメッキする。電鋳はそのメッキの約五百倍～約一千倍（電鋳金型は一般的には三ミリ～十ミリ）の厚みを付けて、付いた方の金属殻を金型として使用するのである。使用する金属は、銅かニッケルがほとんどである。

出来たモノは、鋳造鋳物（鋳型に熔けた金属を流し込む）とは異なって大変精密に転写が出来る。造り方によっては、ナノの単位を必要とする「ホログラム」の製作にも使われる程である。

研究を続ける際、材料を混ぜる作業が度々ある。箸を使って混ぜるのであるが、インスタントラーメンを食べる時に箸がない事に気づき、鉛筆を割って割り箸代わりに使った事もあった。

近所の八百屋さんでお惣菜を買って帰ろうとすると「ごはんはあるか？」と聞いてくれたので、「無いです」と言うと、どんぶりに一杯つめてくれたりもした。近所の方々には本当にお世話になった。

そのころに、会社に勤めていた時に一緒に仕事に取り組んでいた辻氏が来てくれて、一緒に仕事に汗を流した。彼は技術の面でも素晴らしいものを持っていた。兄弟のような日々が続いた。

モデルに皮シボ模様のシートを継ぎ目なく張り込む仕事、この作業を「シボハリ」と彼が名付けた。今日、一般的に使われている。一方、仏壇の内金物をエッチングで出来るように考えて、実用新案を申請して生産を始めた。

伊勢湾台風から五年が経過していたにもかかわらず特需が続いていて、何でも造れば売れる時期で、品質は決して良い物では無かったが伯父は使ってくれた。

一九六七年十月に結婚の式を挙げた。母方の上の伯父が「芯巻板」(服地を巻き付ける芯材)を製造していた時にお世話になっていた纐纈家の四女をもらった。新婚旅行から帰った時に二千五百円の現金しかなかった。米を三升買った。その時が生活のどん底だった。

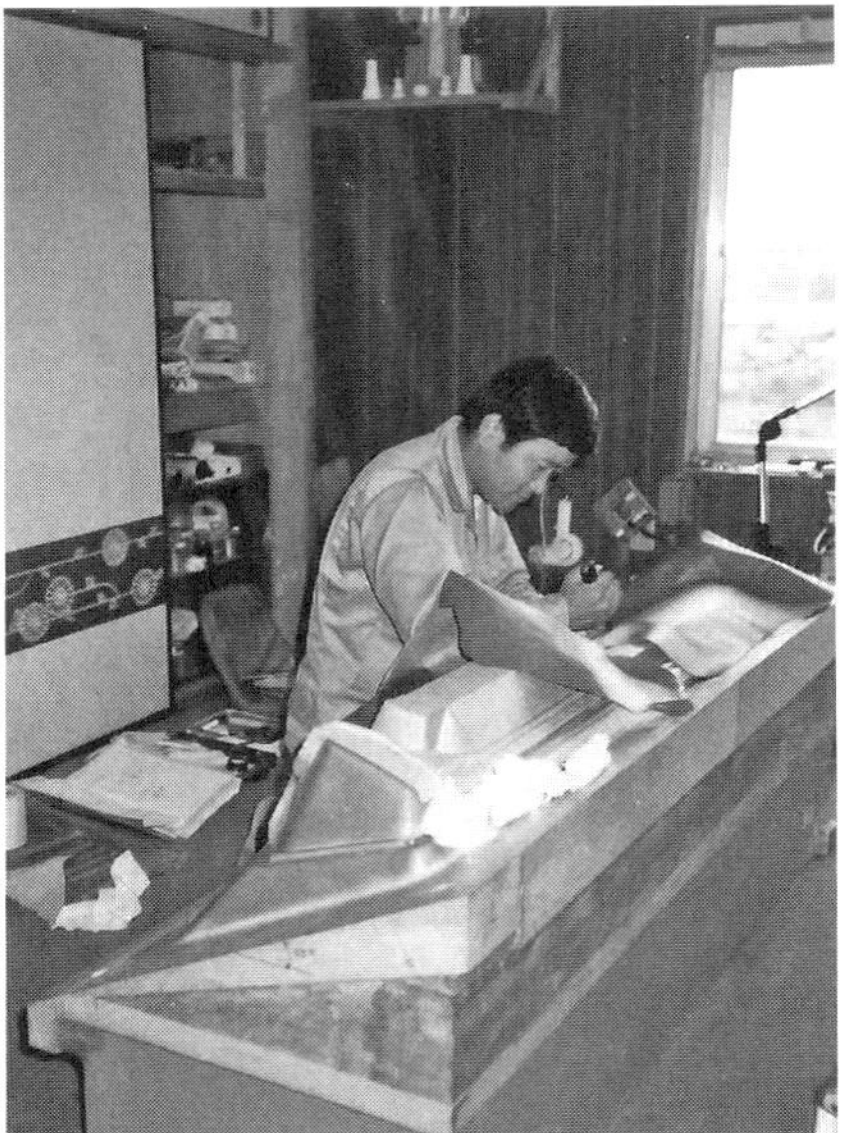
シボハリ作業中の辻氏

オイルショック

八年目にオイルショックが訪れた。品不足、仕事が無い上に、原材料が高騰。ニッケル材料が入手困難の上に、キロあたり七千円もしたのも、このころだった（現在は二千円程度）。大変な時代の到来だった。

客先を訪ねても「自動車メーカーさんが新車を出さない。新車の計画が全く無く、何時出るのか分らない」という返事だった。

そんな状況で会社を維持していく為に頭を痛めた。そんな時、社員が週刊誌の広告を見せてくれた。そこには『ユティカラー』のフランチャイズ店募集と書かれていた。アメリカで開発されたビニールを塗装できる材料、穴あきビニールの補修材料とテクニックを、フランチャイズ制でエリアの権利を売るというものだった。

嘘か誠か調査する時間は無かった。早速、愛知県全体の権利を取得した。セールステクニックも教わり、毎月売り上げの発表会と共に競争が始まった。

「窮して変じ、変じて通ず」と老師から言われた言葉は、正にこの時の為の言葉だった。何も無くなるとこんなに強くなれるものかと自分でも疑う程だった。

喫茶店のカベを洗ったり、イスの張りかえ、補修、洗浄などをするために店を訪れるものの、何も言えずにコーヒーだけ飲んで店を出てしまう。こんな事が数えきれない。そのうちに子供を食わせねばならん、社員もその家族も食わせねばならん、お金は底をついた。

その時から俄然と勇気が湧いてきた。今まで恥ずかしい、体裁が悪いと思っていた事は嘘のように、堂々と立ち振る舞う事が出来るようになった。どん底を味わって、考え方が変わった。「仕事をさせて下さい」では仕事は頂けない。

「あなたの為にこの店をきれいにして差し上げる」

これによって仕事が頂けるようになった。

乗用車の屋根に革を張ったレザートップの色替えの仕事にも力を入れた。この仕事は他の作業に比べれば、利益率の良い仕事で一台四万円頂いた。店主は「これは十六万円で受けているから手を抜くな」と言ってどこかに行ってしまう。

色合わせに一番苦労した。塗料をどれだけ使っても色が合わない時もある。料理に隠し味が有るように、色合わせにもある。例えば、緑にまったく関係ない赤を二、三滴入れる事によってピッタリと合うといった具合だった。

レザートップの色替え作業（左）

電鋳の火は消さない

そんな不安定な時代でも「電鋳の火は消してはならぬ」と言う強い思いがあった。必ず、電鋳がたくさん使われる時代が来ると信じていた。特に優秀な社員一人を電鋳の研究に残して、その他の人で社外の仕事に頑張った。

やがてオイルショックは大波が去るように消え、意外に早いテンポで復活が始まった。オイルショックは弊社にとって有形、無形のたくさんの福をもたらしてくれた。

まず、電鋳に没頭してくれていた社員のお陰で、今までの電鋳型とは比較にならない素晴らしい電鋳型が出来るようになった。私自身が技術屋から、営業力を身に付けた技術屋に変身する事が出来た。仕事を頂ける尊さを深く理解出来来、同時にお金の尊さも深く理解出来た。オイルショックは夢中で切り抜けることが出来た。

お陰様で仕事は以前より沢山頂けるようになり、帰りが夜中の一時、二時になる事も少なくなかった。真冬には帰りの車のエンジン音で咎《とが》められる事もあった。いよいよ工場の移転を考えた。

まずお金の工面をと思い、近くの岐阜信用金庫の江南支店を訪ね、支店長に初めてお会いした。幸運にも、私にとって最適な土地がその支店に持ち込まれていた。それからが絶妙に上手く事が運んだ。紹介頂いた土地を何の迷いも無く購入することに決めた。

支店長の机上に、私のお金になりそうな全てのものを風呂敷に包んで差し出した。郵便局の通帳、子供のお年玉の通帳、趣味のコイン、妻のタンス預金も入っていたが、全て合わせてもいくらにもならなかった。私は「これだけしかありません。お金を貸して下さい」と頼み込んだ。

太っ腹の三島支店長だった。支店長は貸出係を呼んで「この人に店で一番安い金利で貸してあげなさい」と言ってくれ、一千二百万円をお借りした。この土地は現在の本社の一部となっている。こうした関係から、その信金は現在も弊社の重要な取引金融機関になって頂いている。

不思議な事がここでも起きた。後に電鋳工場の建築許可書を申請して知った。江南市ではこの土地に掛る水路だけにメッキ業の許可が認可されていたのだった。

電鋳型製作中（右）

経営理念

一九七五年、移転の後、社名を「江南特殊産業株式会社」として法人化した。これまでの事業を通して、湧きあがるような強い思いを言葉としてまとめ上げ、「経営理念」を定めた。

「生かされている事を常に感謝し、仕事を通じ精いっぱい、社会に貢献します」とした。

今日に至るまで毎週、週初めの工場単位の全体朝礼で必ず唱和している。海外工場では毎朝現地語に訳した『ＫＴＸ経営理念』として唱和している。お陰さまで事業は、決して大きな成長とは言えないまでも、着実に発展が出来た。この経営理念は、孫末代までも言葉の真実を貫き、長年培った社風と共に守っていって欲しいと願っている。

そのころ、社員も八名程になっていた。ここでもまた不思議な事が起きた。駐車場が必要になり、隣の田んぼの地主さんに「半分貸してほしい」と頼んだところ、「半分の借地代で全部貸してあげる」と、続けて「君は私の田にゴミを落とした事がない。いつも拾い上げていてくれていた。実は私は感心して見ていた」と言う。予期しない嬉しい返事を頂いた。有り難くお借りすることにした。

その足で地主の前田さんは市役所に行ってくれた（当時は複雑な申請は不要だった）。一メートル程の段差を埋めるための土の心配をしてくれての事だった。何と不思議なことに、市の担当部署では、ちょうど近くの水路の工事から出る土の処分に困っていたところだったという。お陰さまで埋め立て費用は発生することなく、おまけに三日後には駐車場が出来ていた。

不思議な事はその後も続いた。

数年が過ぎたころ、駐車場の土地を譲って頂けないかとお願いしたが、「お金に代えても使う事が無いので、そのまま使っていなさい」と言う返事だった。タイミング良く、全く面識のない不動産屋から「土地を買わないか」という話が入った。聞くと、隣地の面積と全く同じ、しかも用意していた資金と全く同じ金額だった。家内と土地を見に行くと雪が降ったあとの日だったので、素晴らしい眺めにいっぺんで気に入り購入した。

年に二度ほど家族で草取りに行った。周りはニンジン畑が広がっている。市場に出せないニンジンが道路端に捨てられて山積みにされていた。異常に盛り上がった処のニンジンを取り除くと、そこから馬頭《ばとう》観音様が現れた。周りをきれいにして花を供えて帰る事が常となった。

法人化した時の本社工場（1975 年）

数年の時が流れた

土地の話が続くが、時はバブルの真っ直中、ゴルフ場の会員権が数億円するところまで現れた時代。

その日も同じように掃除を済ませて帰る時、この土地を譲りたい事を馬頭観音様にお願いをした。二百坪の土地では狭すぎて、すぐに動きが取れなくなることを感じていたからである。その事が幸いしたとは思わないが、この物件を紹介してくれた不動産屋さんから「使っていないようだが、売ってくれないか」という電話が入り、買った時の倍で売れた。

そこで、駐車場の地主の前田さん宅を訪ねた。前田さんは既に亡くなられていた。奥様に失礼をお詫びして、仏壇に手を合わせて帰ろうとすると、奥様から「実は生前、主人は野田さんが来たら譲ってあげなさい」という遺言の存在を知らされた。かくしてその土地は、本社の一角に加わったのである。

一連の経緯から、土地は神様からお借りしているもので有ると強く感じるようになった。弊社では「土地は自分がお金を出して買ったのだから何をやってもいいのでは無い。神様からお借りしている物なのです。ですから、不浄にしてはなりません。不浄にすれば、神様は取り上げます。これが会社に置き換えれば、倒産なのです」と社員に伝えている。

「目に見えない世界」の大切さを伝えたいのである。社員皆がこのような思いでいてくれたら、自然に清潔な土地は保たれるのである。

土地を譲り受けて間もない日のこと、草取りをしていると近所の人が通りかかり「明日から道路工事が始まる」と言う。聞けば十六メートルの広い道路が出来るという。かくして、全く予想もしていなかった道路が半年後には出来た。大変便利で使い良い場所になった。

土地を巡る話をやや詳しく述べたが、この世の中には人知を超えた「見えない世界」が常に付いて回っている。不思議な偶然の存在をあえて申し添えた。

『白隠《はくいん》禅師座禅和讃』の一節が思い浮かぶ。

「無相の相を相として　行くも帰るも余所ならず」

「無念の念を念として　うたうも舞うも法の声」

かく在りたいと願っている。

1979年の社員家族合同慰安旅行（中央）

初めての海外旅行

一九八〇年代は、日本の自動車産業に対してヨーロッパ企業の技術的な警戒が始まっていた。そんな時期に十七日間に及ぶヨーロッパ研修旅行に参加した。為替は一ドル＝百六十五円で、旅行費用も百五十万円だったが、海外を視たい気持ちには代えられなかった。

見学先にはスウェーデンのボルボ社の一次サプライヤー「A・B・ボファーズ・プラスト社」とドイツの「ガルバノフォーム社」が含まれていた。その事は、この上なきラッキーだった。

私は、このプラスト社で初めてドアーの内装の生産現場を視ることが出来た。その時に「穴あき電鋳」の発想が生まれた。その後、一九九三年に技術と実績を伴い、さらに名称も『ポーラス電鋳®』として、ガルバノ社に技術供与をしている。という不思議な旅であったが、そればかりでは無い。この旅は、たくさんの偶然が重なって起きた。

アウトバーンではそれぞれが芸をして長旅を楽しんだ。私はサービスエリアで購入した帽子使って、当時流行った「早野凡平」の芸をした。馬鹿受けをして、その勢いでライン川の観光船に乗り込んだ。

満席の船内で、体格のよいおじさんに消防士の帽子の形にして、大きな声で「He is a fireman」（彼は消防士）と言っていきなり被《かぶ》せた。何と彼は「Ich Feuerwehrman（イッヒ・ファイアーヴェーアマン）」（私は消防士）と言って胸ポケットから消防士手帳を出した。割れるような喝采と笑いで、一躍その場のヒーローとなった。

「ハーモニカ」をお土産にしたくて、お店を探している時に尋ねた女性が、何と「モニカさん」といい、「あなたが、私を呼んだと思った」そうで、快く楽器店を案内してくれた。何をやっても上手くいく素晴らしい旅であったからこそ、のちのポーラス電鋳®の発明にも繋がったのかなと思っている。

技術供与に当たっても幸運だった。ポーラス電鋳®のマニュアル作成は、機密保持の観点から社内で作成したかった。社員の森氏がやり遂げてくれた。メッキ技術者の彼は英語が堪能で、精細なマニュアル作りは彼にしか出来ない仕事だった。

二〇一三年十二月にポーラス電鋳®の技術供与が二十年を経過した。ガルバノ社はさらに十年間の延長を希望していたので承諾した。その事でヨーロッパでの製造、販売権を認めた。

ライン川観光船にて（右から２人目）

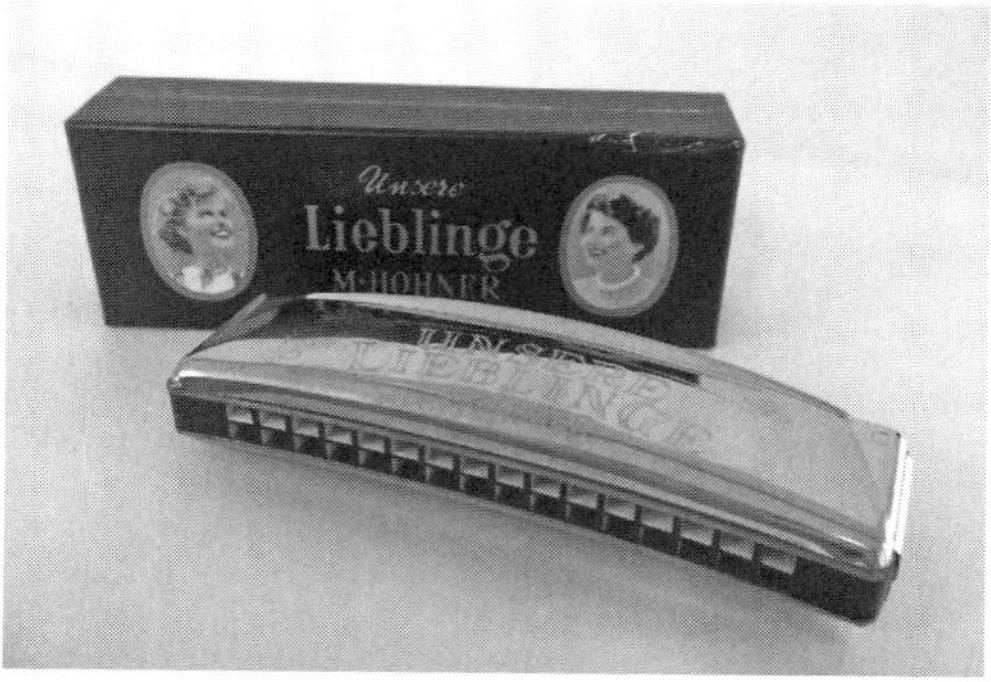

お土産にもとめた独特のハーモニカ

ポーラス電鋳®の開発

一九八二年、Ａ４サイズの「通常の電鋳サンプル板」をお客様に納める日の事だった。「今日だったよね、サンプル納入は」と担当者に聞くと、「そうです。でも穴がいっぱい開いて失敗したので捨てました。今、作り直しています」と言う。

「どんなふうになったの？　失敗した物を持って来て！」と頼んだ。見ると金網のような酷い電鋳板だった。典型的な失敗だった。

「同じものをもう一度造って欲しいが出来るだろうか？」

「できます」と言う。成る程出来た。

「今度はこの穴を小さくしたい。〇・三ミリ程に出来たら大発明だぜ。二年かかっても三年かかっても構わないからやってみてくれないか」

社員の宇佐見（オイルショック時の電鋳品質向上の立役者）に依頼した。

彼は忙しい仕事の合間を縫って研究を重ねて、何と一年後には〇・一ミリ程の穴あき電鋳を完成させてくれた。凄まじい熱意であった。今日のポーラス電鋳®は、この人が頑張ってくれたお陰で世の中に提供出来ている事を忘れてはならないと思っている。

特許申請をするべきと考えた。ここでも運が良かった。高校の先輩が大手企業の特許部長をしていた。後輩の私を親身になって面倒見てくれた。そして国内特許を申請するに至った。

早速、どこへ売り込みに行こうかという社内相談になった。検討の結果、ホンダエンジニアリング（ホンダＥＧ）を訪ねた。小さな「ポーラス電鋳板」とサンプル成形品を持ち込んだ。生産技術の担当者は「ポーラス電鋳®では穴が大きかったり、出来なかったりするでしょ。我々は５μ（ミクロン）の通気性のある樹脂型の開発を終えた。だから要らない」との応えだった。

どうしても納得出来ず、三カ月後の一九八三年、実際に「成形ドアー」のサンプルを造り持ち込んだ。タイミングが実に良かった。

ホンダEGでは、樹脂型で成形品は出来るものの、量産型として海外で生産するには耐久性の面で問題があり、使えないのではと困っているところだった。

「成形ドアー」のサンプルを見るなり担当者の顔色が変わった。

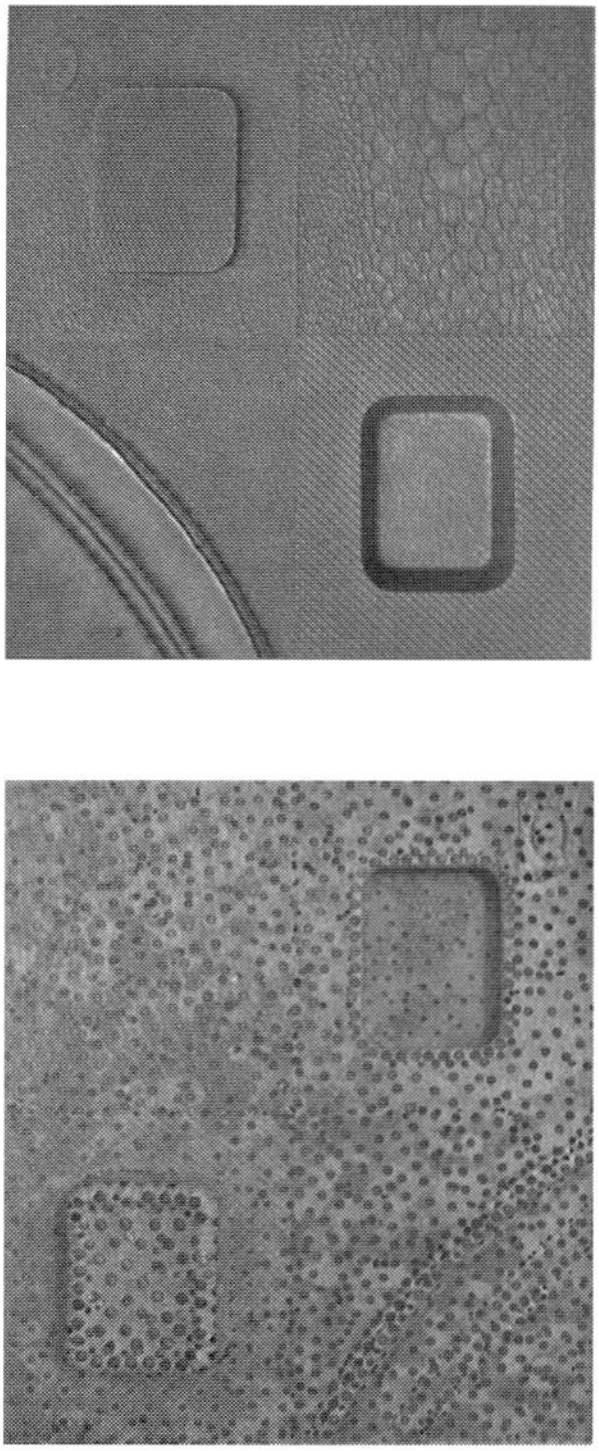

ポーラス電鋳®の表面(上)と裏面

ポーラス電鋳®は凄いぞ

開口一番、「いい物が出来るじゃないか！」「これは凄いぞ！」。「成形ドアー」のサンプルを取り囲んだ関係者は、始めは二名であったが、やがて十数名に膨れ上がった。

「穴が少なければ空けりゃいい。レーザー加工機で俺が空けてやるよ」「穴が大きけりゃ。埋めりゃいい。俺が手伝うよ」と言ってくれた。

次期車の開発を含めた五車種程のインパネ表皮成形は、私の持ち込んだ「ポーラス電鋳凹引き成形型」を採用する事がここで決まった。それからというものホンダＥＧの皆さんが毎日のように手伝ってくれた。どの車種も思った以上に上手く出来た。

出来上がった車を本田宗一郎最高顧問が試乗した時の事である。「アコード」

のインパネ上面凹部のトレー部にタバコを置いてカーブを走行した時、タバコがトレーから滑り落ちるというハプニングが発生した。

その部分が急遽《きょ》、設計変更になった。従来の成形方法の金型であれば三カ月かかるところ、新しい技術も加えて一カ月で生産をスタートする事が出来たことも、この工法の良さであった。

ホンダEGには多大なるご協力を頂いた。そうした方々に報いる為に二年間は外部に発表しないで、ホンダEGだけに使って頂こうと心に決めた。契約とか覚書等は一切していない。

このことで「ポーラス電鋳®」技術は、完全に確立することが出来た。成形に必要な穴数、穴径、耐久性、断面状態、バックアップの方法、成形クリアランス、全てがこの二年間でノウハウとして蓄積出来た。

その後も生産は続き、ひとつの型で四十万個生産後も引き続き生産可能な状態であることも、その後の結果から実証出来た。

一九八五年、マスコミ発表を行った。日本の特許は、取得に時間がかかるとよく言われる。取得までの間に、我も我もと同業他社の特許取得合戦が始まった。少しだけ一部の方法を替えて特許申請をするやり方だ。松原特許事務所と何度も特許庁に足を運び説明をした。

特許庁もこのころから変わり始めた。基本と成るものの価値をしっかり認めてくれて、他のものは全て排除してくれた。

幕張メッセで開かれた「第１回デザインエンジニアリング展」に出展（前列右、左端は家内の詔子）

リターン制度

オイルショックも遠ざかり、時代はモノ造りに追い風が吹き始めた。一九八〇年代は急激な人手不足になった。

高卒の新入社員が「二～三年後に会社を辞める」と言う。何を言っても、もう気持ちを替える事は無い。経営者にとってこれ程心を痛める事は無い。眠れない日もある。考え抜いた末、思い切って打ち出したのが「リターン制度」だった。

会社も辛いが、辞める本人も辛い。ご両親はもっと辛い。辞めるのだったら気持ちよく送りだそう。その後、戻って来たくなったら戻っておいで。気持ちよく迎え入れる制度にした。同期生と同じ条件で、また職場復帰が出来るようにした。

これは、新卒で社会を知っていない人の為に考え出した。同窓会で友達の話を聞くと、もっと良い所が有るような錯覚をするようだ。

この制度の話を仲間の経営者にすると、「会社を辞めないでいた人達は快く思わないのではないか？」と耳にするが、実際は「戻ってくれて助かる」と言う意見が多い。

この制度で六名が、辞めた時より更に磨きが掛って素晴らしい社員として職場復帰している。中には自宅に来て、土下座して退社した事を詫びる人もいた。

「禁煙手当制度」も作った。成人で男女関係なく、タバコを吸わない人に月に五千円の手当を出している。禁煙率は七七パーセントになっている。先日もある講演会で一本のたばこを吸う事で十四分の寿命が縮むと聞いて、もっと禁煙に力を入れて行きたいと思っている。健康で長生きして欲しいという願いからである。

出産お祝金として、三十万円を一人生まれるごとに出している。中小企業として少子化に歯止めを掛けたいという気持ちからであるが、僅《わず》か百六十名程の会社たがこの九年間に五十二名の子供が生まれていて、とても嬉しく思っている。また、十一組の社内結婚と私の婚活等で三組がまとまっている。

ガラス張りの経営、賞与の分配を明確にしている事も弊社の特徴の一つだと思う。良いモノ造りは、仕事に専念できる環境づくりだと信じている。

弊社が海外企業と戦って、生き残って行くための絶対条件は三つある。「和」と「粘り強さ」と「生かされている事を知る素直な心」。この三つが社風として受け継がれていけば、私としては安心できる。

創業25周年を記念して沖縄へ社員旅行

大きな実体験

一九八五年ごろ、左眉の上に出来た黒色腫が年を追って、大きくなっていることを危惧していた。直径が一円玉程になり、近くの外科医院で手術を受けて取り除いてもらった。その後、黒い小さな点が現れて、その点が一年もすると手術前と同じ程になり、今度は凸凹の黒紫色で盛り上がった状態になってきた。

悪性黒色腫ではないかと疑うようになった。医学書で勉強すると全てが一致していた。死を身近に感じる日々が続いた。犬を見ても、猫を見ても、老人を見ても、見るもの全てが自分より長く生きるように思えてきた。もう生きている時間が無い、何とか生きたい、藁をも掴む気持ちで過ごしていたある日、縁あって大沢寿念大僧正に出会った。

大僧正は、白い髭と長い顎鬚をたくわえた仙人のような風格の人だった。

悪性黒色腫で大変悩んでいる事を話すと、じーっとわたしの顔を見ていて、「私が治してやる。私の言うようにしなさい。自宅の土地の北西に不浄な物が埋まっている。それを取り除き、南東の病院で手術を受けなさい。そうすれば治る」

言われたように庭師に頼んで、石をどかし、樹木を掘って工事が始まった。その日は大僧正と弟子が真剣にひと時も休まず、「真言?」を唱えてくれていた。昼休みに現場を覗くと懸命に作業が続けられていた。

日も暮れかけようとしていたころには家の土台もむき出しになり、もうこれ以上掘り込む事が出来ない程の状態になっていた。

作業者の一人が私を見つけて、「もう出てこんでえー」と言って投げやりにスコップを洞穴の奥に投げ入れたとき、ドサッと白いものが出てきた。「それ出た!」と、驚きと同時にその不思議さに感嘆していたが、日が暮れないうちに用意していた一斗缶に周りの土も掘り出して十缶程詰めた。そして酒と塩で清めたうえで、現場は元に戻した。

不浄な物が何であったかは判らないが、廃棄物業者に処分を依頼して、言われたように、南東にある昭和病院で手術を受けた。お陰さまで今日まで元気に過ごさせて頂いている。「見えない世界」の実相を、この実体験を通した話で理解して欲しかった。

お客様のパーティーで（中央）

ポーラス電鋳®、特許取得

「ポーラス電鋳凹引き成形型」の国内特許と「ポーラス電鋳®」の商標登録も取得出来た。

地球温暖化問題に伴い、自動車の造り方のコンセプトが大きく変わって来ていた。オイルショック当時から低コスト生産はもとより低燃費化、それに伴う軽量化、省エネ生産化、リサイクル性、見栄え性といった事が重要視されるに至って来た。

お陰さまで「ポーラス電鋳®」は全てに満足出来る工法だと、自信を持ってお奨めする事が出来た。中でも省エネ生産性においては、従来の方法に比べると十四分の一のカロリーで生産出来る画期的な方法である。

全く新しい工法で造った物が、いくら安く出来ても、いくら見栄えが良くても、いくら軽く出来ても、販売の段階で必ず突破しなければならない関門がある。それは「実績はありますか？」の一言だ。

新しく開発した物に実績の有る筈《はず》が無い。お客様に「なるほど上手く出来る筈だ」と思って頂ける物でなければならないと同時に、「これなら物になりそうだ」という判断を下して頂ける人との出会いも大切であると思う。

この点に於いて最初に持ち込んだホンダEGでは、ポーラス電鋳技術に対して快く受け入れてくれた。果たして今日、この様にスピーディーに量産まで持ち込めることは難しいと思うのである。その時の造り上げた仲間は、もうホンダEGをリタイヤされているが、心から皆さんに感謝している。

海外販売はアメリカからスタートした。二年間ホンダEGに専念している間に国内特許でしかなかった「ポーラス電鋳®」の類似品を、アメリカのビッグ3に売り込んでいた日本の同業他社があった。品質が良ければまだ救われるが、あまりの粗悪品に「ポーラス電鋳®その物が使えない」と評価が下ってしまっていた。

弊社がビッグ3各社に売り込みに回った時は、どこも相手にしてくれない。一九八八年、気を取り直してもう一度回ったが、今度は叱られてしまう始末であった。

「型（他社製）が割れたがどうしてくれるのか」

逆に叱られに行ったようなものであった。「いや、弊社の物は問題ない」と説明するが、聞く耳を持ってくれなかった。

研究開発に手をかけずに他社が造ったものを儲かりそうだからと真似をして儲けたがるのは、日本人にあるまじき倫理ではないだろうか。独自にイノベーションをして世に出してほしいものだ。

合弁会社カナダ・モールド・テクノロジー（CMT）
の設立オープニングセレモニーで（右）

24の会

一九九一年「24《にじ》の会」なる異業種交流会を、桑原正則氏、奥村悠二氏、石田芳弘氏、酒井鉄氏等が私を加えて頂き、立ち上げた。

異業種だけにいろいろな色を持った人が集まるといいねと言う事から、「虹の会」転じて「24の会」として毎月二十四日に集い、各方面で活躍中の方をゲストに招き、お話を聞きながら会食をするという会であった。会員五十名程の大変楽しい、「絆」を大切にした親睦勉強会が出来た。

ある時、ナイジェリアから名古屋大学に留学生として来日しているアンディー君をゲストとして迎えた。未開の国ナイジェリアに多くのメンバーが興味を抱き、彼を中心に貿易会社を設立しようということになって、資金を出し合い、一九九八年に二千万円で立ち上げた会社が「サクラコンチネンタルコーポレィション株式会社」である。

設立前、有志でナイジェリアに視察旅行に行く事になり、アンディー君が旅行計画を作った。彼中心のスケジュールだった為に、提案者であった私は二日遅れて一人でナイジェリアのポートハーコート市のプレジデンシャルホテルへ行くことになった。そこで大変なハプニングが待っていた。

名古屋～成田～ヒースロー～ナイジェリアのラゴス空港へ。エコホリディホテルで一泊し、ポートハーコート空港には多少のトラブルは有ったものの、着く事が出来た。問題はここからである。迎えに来てくれているはずの人が来ていない事から始まった。

例えは悪いが、ハイエナの様なタカリ屋が私の周りを取り囲んだ。私のトランクに触れた者は、全てが〝自分のお客〟と称して張り合っている。パスポートは持って行ってしまう。警備もタカリ屋もタクシーも白タク屋も、全部グルだと感じた。三十人程の人だかりになった。

やっとの事で私の言ったセリフが彼らを黙らせた。ボスらしき人物に見当を付けて言った。

「私は明日午後三時に、この国のアブバカール大統領に面会する。君の事を伝える。君は何という名前か教えてくれ。大統領に報告するから、ここにサインしてくれ」

そして、手帳を差し出した。

精いっぱいの英語力とジェスチャーで対応した。人間困れば何とかなるものである。彼は「Bennard Kila」とサインした。と同時に状況は一変した。

「24 の会」でゲストの外国人女性とゲームに興じる（左は石田氏、筆者中央）

サクラコンチネンタルコーポレィションの設立パーティー（後列右から 2 人目）

ナイジェリア

彼の命令で「パスポートは持って来い」「バッグはトランクに入れろ」。ドアーまで開けて「ここに乗ってくれ」と大サービス。私が直感で選んだ男は、正にグループのボスだった訳だ。車に乗って、僅《わず》かに窓を下げて彼に二十ドルを渡した。

どこに連れて行かれるか少々不安ではあったが、目的のホテルに到着し、仲間と合流できた。途中、道路のど真ん中で座り込んでいる男がいた。見ると膝から下が無い、その彼が棒きれ一本持ってあたかも凹んだ道路を直しているかに見えたが、実は捨て身でお金を請う乞食だった。

事実、アブバカール大統領に面会する予定が組まれていたが、面会時間がどんどん遅れて午前二時まで伸びたので、こちらから辞退した。その日は我々が泊っている首都アブジャのヒルトンホテル・ニコンノガでアフリカの大統領会議が開催されている特別の日だった。

である。

帰路、ラゴスからロンドン行きの国際線乗り継ぎ移動車に乗り込んだ時の事である。まるで地獄絵を見るような不気味な人達に取り囲まれて車が動かないでいると、その内の一人の男が窓をノックして、左手で自分の目を指さし、片方の手を出して「ギブ・ザ・マネー」（お金をくれ）と言う。

見てびっくり、目の球の部位が真っ黒で洞穴のようだった。その周りが真っ白の一センチ程のリング、よくよく見ると目の玉が無い。真っ白のところは骨が丸出し。この人よく生きているものだと思った。

周りの人に目をやると、両腕が無い人、足が片方無い人、耳が無い人、いろいろな障害を持った人達だったのだ。

私は両替したばかりのナイラ（当時一ナイラは公定レート五・二円）をここ

でも窓を少し開けて、二十ナイラずつ全員に渡してその場を逃れた。

何故、こんなに貧しい人達が生活出来るのかを疑問に思い、アンディー君に訊ねた。

「それは、どんなに僅かな物も皆で分け合う」

だから生きられるそうだ。

とにかくルーズな人達だ。それも納得できた。生きていればいいが原点。時間を守る事、お金を返す事、約束を守る事、そんなもの次元が違うといった感じだった。案の定、我々がアンディー君に託した出資金は消えて無くなってしまったのである。

それぞれの国の踊り子が各国の大統領を出迎えた

ミャンマー

「24の会」では、一九九二年にミャンマーにも出かけた。アウンサンスーチーさんが、自宅軟禁されていた軍事政権時代であった。

ヤンゴン空港に降りて驚いた。「町田自動車学校」と書かれた車が十台程止まっていた。日本から自動車学校まで来ていると一瞬思ったが、それは日本からの中古車で、タクシーである事を知った。日本の中古車はこの国でも価値が高く、わざと日本文字は消さないとの事だった。

車の往来は少なく、トラックには溢れんばかりの人が乗っていて、まるでモノでも運ぶような扱いだった。ほとんどが素足で歩く人達だったが、大半は「数十キロ先から来ていると思っていい」と聞いた。

観光も寺院と遺跡巡りが大半であった。どの寺院にもお布施の箱が七、八個置かれていて、目的別に仕分けされていた。

崩れかけた「パゴダ」（仏塔）もたくさん観たが、約千年前に金持ちが、死後の幸せを得る為に競って大きな仏塔を造ったそうだ。その為にたくさんのレンガを焼く。その結果、木を切って燃料にしたという。見渡す限り赤土の凹凸原野（今は植林も進んでいる）の中にパゴタが、三千個に及ぶ「バガン遺跡」がある。

中でも観光性の高い塔の修復を進めているが、女性は感心する程良く働く。男性は小屋の日陰で、たむろしてタバコを吸っている。この国に事業を持って行くのであれば、女性を中心に考えた方が良さそうである。

ヤンゴンにある「シュエダゴン・パゴダ」（寺院）に行った時のことである。長いエスカレーターが設置されていて、履物は乗る前に預け、裸足で乗るように指示されていた。地方から来た人は、上にあがって行くと眺めもよく、その景色に見とれてしまうが、大変な惨事が待ち受けていた。最上の所で足の指を挟まれてしまい、おびただしい血痕が付いている。文明と文化について考えさせられた。物質的な文明に、安全的な文化が追随していないギャップを感じた。

寺院を訪れると、子供が数十人集まってくる。手を差し出してお金を欲しがる。予め用意した小額の札を一人ずつに手渡すが、その内に手持ちが無くなる。貰えない子もいるが、貰えなくてもとても明るい。「これが仏教の真髄か」と子供から教わった次第だった。

日本人戦没者の慰霊を続けている現地僧侶２人と

寺院の子供に小額の札を手渡す（左）

モンゴル

二〇〇三年、弊社の兄貴的存在で、客先でもあるＶＵＴＥＱ社からのお声掛かりで「ＶＵＴＥＱ　ＭＯＮＧＯＬ社」立ち上げの時に仲間に加えて頂いた。会社の目的は、優秀な人材確保と育成にあった。弊社は三次元データをモンゴルで作り、インターネットで飛ばして日本の本社でモデル製作が出来たら、両国にとっても意義ある事業と思ったからだ。

モンゴルはある面モノ造りには向かないが、コンピューター作業は暖かい部屋があれば一年中続けられる。更には優秀な人材も多く、しかも粘り強さは日本人以上だと思う。

アムガー君、バトフ君、スク君という三名の優秀な大卒が入ったのがキッカケで、まずはＣＡＭデータ作成作業と言葉の勉強の為に二年間程日本で実践作業を経験した後に、その内の一人をモンゴルに送り込んだ。

ところがモンゴルの会社でデータを作成して日本に送る作業を何度も繰り返し試みたが、上手く出来ない。一番の原因は電力インフラの不安定にあった。その他にも幾多の要素が考えられたが、ここでは記載しない。

担当者を国内にもどし工場間でも試みたが、やはり上手く出来ない。「上手く出来ない」という言葉の中身を追求していくと、このまま日本で使うＣＡＤデータをモンゴルで余計にお金をかけてやる必要が無いということである。ハッと気づいた。私の想いとこれほどまでに違っているとは思わなかった。

モンゴルの人達にこのまま定年までいてもらうという訳には行かないだろう。向こうに帰ってもらって家族と共に生活が出来る環境に早くしてやらねばならん。だから取り組んで欲しいのだ。

やっとその気になってくれそうなので期待したい。

モンゴルの料理は、何と言っても草原の中でのバーベキューだ。

山羊を腰から二分割して、腰から下はスモーク処理をして保存食にする。胴体から上を大胆にバーベキューにする。

まず、臓物を取り除いて芯金を差し込み、空洞の中に拳くらいの石を冶《や》かめて数十個程放り込むみ、塩を一握り入れて肉汁が出ないようにしっかり縛りこむ。芯金を受け冶具にセットしてバナーで外から焼くと、同時に内からは焼け石が働いて一時間もすると美味しい山羊の丸ごとバーベキューの出来上がりである。

石を取り出し、適当にバラした肉を配られた肉汁と共に頂くのである。ビールが食欲を誘い、肉がビールを誘う野生的で感動のパーティだ。

モンゴルの草原で踊りに興じる

韓国とのビジネス

私が直接営業をしていた当時、韓国の自動車関連企業の課長以上の人は、日本語か英語を話す事が出来る人だった。課長の昇進試験には、どちらかの言葉が話せる事が必須だったようだ。従って言葉の問題はなく、一人で出かける場合が多かった。

日本と異なる点が幾つもあるが、大きく四つある。

一つは、自分が習得した技術は自分のものとして囲い込む事が多いこと。担当者が変わるとその都度、技術の説明にサンプルを持ち込みに行かなければならなかった。その上、急激な成長時期で一年もすると人事異動で代わっていた。

二つ目は、現在は弊社との関係では全くないが、正当な見積書が発行出来ない点であった。その都度、見積書に上乗せが要求された。

三つ目は、徴兵制度による上下の関係が、日本の先輩後輩の関係とは比較にならない。

四つ目は宗教が少なからず影響している。大きくキリスト教と仏教に二分されている。韓国の歴史の中で、一つの宗教の時代は大きく発展をしているが、今日のような状態は発展が鈍っているという。

私も営業の最前線の時、苦い経験がある。商談は九割決まっていたが、最後に「野田さんの宗教は何ですか」と問われて「仏教です」と答えると、「キリスト教に変えなさい。そうしたら発注しましょう」と言う。結局商談は不成立、競合メーカーに流れた。

とは言うものの、私には韓国に〝兄弟〟と呼び合える人がいる。彼は「全時煥《チョン・シ・ファン》」といい、家族付き合いの仲である。彼も仏教信仰者であるが、空港に迎えに来てくれて会社に向かう車中で、「これから会う人はキリスト教の信仰者だから宗教の話はしないでね」とアドバイスをしてくれた時もあった。私たちが感じている以上に隠れた対立がある事を知った。

二〇〇五年、現代自動車社やGM三星社がポーラス電鋳型を採用してくれた事により、韓国でのビジネスが急激に増えてきた。それにさきがけて、二〇〇四年に現地法人「KTX—モールドコリア・コーポレーション」を設立した。

全時煥の家族（左から３人）と

北米の販売は十年遅れた

モノ造りの業界はお互いに競いあっている為に、良い事は伝わらないが悪い事は一週間も有れば隅々まで伝わると思っていい。一九八八年の北米での他社によるポーラス電鋳®不評から北米でのビジネスは諦めていた。専ら国内の生産型造りに専念した。そして、十年という永い歳月は流れた。

一九九七年のこと、ビッグ3の一角、フォードが世界中の車のインストルメントパネル（インパネ）の①軽量化、②生産性＝コスト、③リサイクル性、④デザインに対してフリキシビリティ性、⑤省エネ性について調査をしていた。フォードのインパネ責任者であったエアーロン・S・ウィズニュースキー氏の目に留まったのがホンダEGの「アコード」のインパネであった。

「金型はどこに発注しているか？　KTXだ」

インターネットで弊社にメールが入った。当時インターネットを使っているところは中小企業では少なかったが、弊社は尾張北部のプロバイダー事業も手掛けていたため対応出来てラッキーだった。

四名の関係者がデータを持ち込んだ。四か月後にフォード向けの「ポーラス電鋳型」は完成した。社内で金型の出来栄えを調べるトライ成形が始まった。予想通り素晴らしい出来栄えの品だった。この時、大きな歓声と共に「ポーラス電鋳®は凄い」と絶賛してくれた。

これによって他社から受けていたポーラス電鋳®の不評は一掃された。アメリカでの名称も「ポーラスニッケル®」として商標登録をした。クライスラーもGMも、その後のセールスでポーラス電鋳®の良さを認めてくれた。北米から弊社への出張者は日増しに多くなった。

フォード（後に分社をしてビステオン・オートモーティブ・システムズ）に

至っては、当時テキストロン社から技術供与を受けて、スラッシュ成型ではインパネ表皮の生産に対して三パーセントのロイヤリティーを支払っていたが、弊社のポーラス電鋳工法に全面的に切り替えて、テキストロン社からの技術供与を打ち切った程だった。

現在、ＧＭは弊社と一緒に取り組んで、インパネの更なる見栄え性の向上を実現している。お陰さまで、素晴らしい出来栄えに世界のインパネ関係者から注目を集めている。そのインパネを実際に生産しているインティーバ社から立派な感謝状を戴いた。

フォードのエアーロン・S・ウィズニュースキー氏（左）とチャック・ベリー氏（右）

ビステオン社のW・アンディー氏

米国、ビッグ3

営業は、その国で生まれ育った人があたる。

どこの国にも共通の事は、誠実に人間らしく誠意を持って事に当たれば同じ波動で帰ってくる事には間違いないのではあるが、コミュニケーションをとるためにただ言葉だけではクリアー出来ないところがあるから、私はその国の人に窓口の責任者になってもらっている。

さて、二〇〇九年はGM、クライスラーの破綻といった問題も抱えながら乗り切ることができた。その時期、各テレビ局から取材を受けた。理由を尋ねると、中小企業で直接ビッグ3と取引をしているところは少ないからとの事だった。

知り合いや近所の方々から「大変だね」と、口を揃えて言われたものだった。

「はい、大変です」と応えてはいたが、正直少しも大変だとは思っていなかった。自動車産業が無くなる訳が無しという想いと同時に、GM、フォード、クライスラーと直接関わりを頂いている現実を本当に有り難く楽しんでいた。

そんな頃だった。私の机の前にいる北米担当営業の電話でのやりとりを耳に挟んだ。

「GMさんは破綻したから、いま手がけている〇〇シリーズのインパネは作業をストップするように」

これは一大事と思って、その担当者に雷を落とした。

「私は、お前を今迄に叱った事は無かった筈だ。お客様の仕事をストップする権利はお前には無い。それは私の判断ですることだ。何故、お前がストップするのだ。止めてはだめだ。続けろ、納期も守れ」

この時ばかりは、事務所の人達が震え上がる程の勢いで叱った。社長室を持っていなくて本当に良かったと思った。社長室に閉じこもっていたら、このタイミングは無かったように思う。

案の定、後日、ＧＭは三分の一に取引会社を減らしたが、弊社は以前と変わらない取引をさせて頂ける事となった。

その後、ＧＭの勢いは米国の景気を押し上げる程に回復を果たしている。新しい工法のインパネにも取り組んで頂いて北米のみならず、上海ＧＭにも採用されて成果が上がっている。

フォード、ＧＭの破綻時に神田愛知県知事（左）も激励に来社された

ＴＡＴＡモーターズ

二〇〇七年、フランスの自動車部品メーカーのフォーレシア社の技術部長だったＳ・Ｋ氏が、ドイツで開催の「K-Show」（世界最大級のプラスチックゴムの展示会）に出展していた弊社ブースに立ち寄ってくれた。彼は、弊社の「ポーラス電鋳型」でインパネを試作から量産まで我々と共に立ち上げた経験豊富なその道の腕利きエンジニアになっていた。

彼が「今は移籍してインドのＴＡＴＡモーターズのエンジニア部門を受け持つＴＡＴＡオートコンプシステムズ（ＴＡＣＯ）社の副社長だ」と言う（余談だが海外ではこれがあるから面白い。国も変わり、立場も一変することが良くある事だ）。

「来月にでもプレゼンに来なさい」と言う。

当時、ＴＡＴＡモーターズはランドローバーとジャガーを相次いで買収し、高級車造りに社運を掛ける程の力の入れようだった。もちろん話題性では、二〇〇八年一月に発表された「タタ・ナノ」だった。我々自動車造りに携わっている者は、ＴＡＴＡモーターズの十万ルピー（当時二十八万円）車の話で持ちっきりだった。

ＴＡＴＡモーターズは各方面から注目を集め、申し上げるまでも無く急激にその存在感を高めていたが、タタ・ナノの生産量はいまだ伸びていない。

話は戻るが、二〇〇七年十一月になってＴＡＣＯ社に弊社専務の大山と「ポーラス電鋳ＩＭＧ（凹引き成形）」のプレゼンテーションに出かけた。三十数名程の開発や設計のスタッフを集めてくれていた。

プレゼンを始めると、だから軽量化が図れる、だからサイクルが早い、だからコストが安い、だからリサイクルが出来る、だから省エネ生産ができる等々を副社長のＳ・Ｋ氏が全てフォローしてくれた。

それはまるで宗教に飢えた地の伝道師が如くの感が有ったが、帰る時には「二〇〇八年四月『サファリ・ストーム』のモデルチェンジがスタートするから来て欲しい」と言われた。

約束通り翌年の四月に再びＴＡＣＯ社を訪れた。インパネの弊社製成形機設備と成形型及び成形技術をセットでシステム受注する事が出来た。

五カ月後には全てが約束通り完成した。「請求書はＴＡＴＡモーターズが支払うから、ＴＡＴＡモーターズに送って欲しい」と言う。それによってＴＡＴＡモーターズとの口座が出来た次第で有る。

ドイツのデュッセルドルフで開催された「K—Ｓｈｏｗ」でオープン前のひととき（左から2人目）

ＴＡＣＯ社でプレゼンをする大山専務（中央）

インドのビジネス

L／Cコンファーム（信用状の確認）によって入金があれば、いつでも機械と金型は船積み出来る状態だった。

それから一年半経過した。頼りにしていたTACO社の副社長は既にアメリカ企業に移籍していた。

何度かの引き取り請求に重い腰を上げて、一人の機械担当エンジニアが弊社を訪れた。弊社の営業担当者が目を赤くして、必死に応対しているところに遭遇した。聞けば、成形機械に三十六項目の追加を加えた上で、見積金額のままでやれという。

これには私も唖然とした。インドとの取引は、お金の回収が出来ないといろいろな処で耳にしていた。こんな落とし穴もあったのかと一瞬思った。

「日本人を舐めるじゃない」

二億五千万円の売掛があった。中小企業にとって半端な金額では無かった。その時ばかりは身体全体で表現した。

「すぐ帰れ」「お金はいらない」「型も機械も送らない」「生産技術も教えない」

そう言ったまま、その場を去った。担当者がどのように英訳したかは知る由もなかったが、私の気合は充分伝わったと思う。

日付が変わろうとする頃、担当者に電話を入れた。

「どうなった?」

「はい、サインを頂きました。有難うございました」と言う返事だった。サインを頂いたという事は、追加工事に対して支払いを認めるというものだった。

ここでも「正しい事は必ず、成就する」という正眼寺での教えが実現出来て、嬉しく思った。

後日談が続く。

成形機は一年半の間、邪魔になりつつも組み立て現場に放置せざるを得なかった。何と、それが思わぬ好機となった。中国からのお客様が金型の発注契約を終えて帰る時に「工場を見たい」と言う。差し支えのない処を選んで案内した。

その時、出荷待ちの成形機を見つけて出荷先を尋ねられたので、「TATAモーターズ行のインパネの量産成形機」と答えた。すると「成形機も造っているなら金型と合わせて発注したい」と言う。かくして成形設備は予想以上に売れ、今も売れ続けている。

「人間、万事塞翁が馬」という言葉を実感することができた。二〇一一年二月、TATAモーターズの全ての売り上げは回収することが出来た。その後もTATAモーターズとの取引は、変わることなく続けられている。

TATA モーターズ行きの量産成形機

江南商工会議所 その一

二〇〇〇年から十年間、江南商工会議所の副会頭、会頭の立場で地域奉仕者の一人として務めた。

二〇〇四年には、江南市から「国府宮のはだか祭」の「大鏡餅」を奉納させて頂いた。幹事長の役をお受けして、神社関係者、先輩諸氏、近隣市町の関係者、それに江南市民の御協力を頂き、一年間の様々な神事を執り行い、お陰様で無事に奉納出来た事を関係者一同で喜んだ。

その時の記念誌に、奉賛会幹事長として述べた挨拶の一部を記載した。

「その時々の行事に、最もふさわしい天候に恵まれながら、大勢の皆様の献身的な、ご協力のもと進める事が出来ました事を、心から有り難く感謝申し上げます。

この行事の一つ一つを進行させていく中で、私自身、今までにも増して、見えない世界、宇宙と申しましょうか、天と申しましょうか日頃私達は、神様として崇めています実相を界間、感じさせて頂く事が出来まして、生かされて生きる、生命体である事をしらされ有り難く、お陰様の気持ちを持ち続けなければならないことを感じた次第です」

中心市街地のシャッター通り化は、既に五〇パーセント以上進んでいた。大型店舗が認可によって郊外に競って開店をしたから、消費者の流れが変わってしまった。その流れはもはやどうする事も出来ず、心を痛めた。

かつては「ガチャ萬」と言われ、高級カーテン地の国内生産の八〇パーセントものシェアの時代もあったが、中国生産の影響を受けて大変厳しくなって来ていた。

過去の地震の発生分布を調べると、東海地方内では極端に少ない土地柄であること。かつて木曽川の河川敷だったので二〜三メートル下はグリ石で形成され、大変地盤が堅い。その上、地下水が豊富で上質なこと。農家は多いものの後継者は農業に関心が薄い、従って教育に熱心で優れた人材が確保できる。土地の値段も工業立地には良い等々から、工業の関係は私の得意とするところで、仕掛けをして将来の江南市の工業分野の夢を描いた。

「湯でガエル」に例えられる状況を何とか打開しなくてはならないという使命感を抱いていて、光産業を伴った精密工業には最適地域と感じていた。

国府宮神社の山門をくぐり抜け境内に入った大鏡餅

江南商工会議所　その二

「江南市民まつり」は、毎年十月の第一土曜日と翌日の日曜日に開催される。二〇〇五年の「江南市民まつり」から「事始めは遊びから」と考え、「ＬＥＤのまち江南」をキャッチフレーズに日本で初めて「光る夜の親子凧《たこ》揚げ大会」を関係者の熱意でスタートさせる事が出来た。

教育長や小学校の先生方とも相談した結果、中学受験も考慮して小学校四年生に絞った。そろそろ親離れの時期に親子のコミュニケーションの良き場ともなった。市内の小学校十一校がそれぞれ百連凧を揚げて、大いに楽しむイベントとなった。

「日本の凧の会」尾張一宮支部の澤木寛支部長始め、会員の方々にも大変お世話になった。祭りの日は朝からボタン電池とＬＥＤを組み合わせ、千数百個の凧に取り付ける作業を続け、日暮れ頃に間に合わせて頂くという大変な役割をお願いしたが、それだけで終わらない。同時に四メートル×六メートルの大凧にもＬＥＤをいっぱい付けて揚げるのである。

カーボンブラックシャフトを使用して軽く造ってあるが、さすがに素人では揚げられない。「日本の凧の会」の皆さんの指導で、高くまで揚がった時には歓声が湧く。凧作り教室も開いて頂き、快く協力をして頂いている事に感謝している。

豊田合成からは、一万個のＬＥＤを社会貢献事業の一環として毎年寄付して頂いている。ＮＨＫ始め報道関係、江南商工会議所女性部の協力等々があったからこそ実現出来る一大プロジェクトである。

二〇一三年は第七回を開催することが出来たが、毎年参加が増え続けている事は喜ばしい限りである。

第一回に参加した生徒はあと数年すれば大学で就職を考える年を迎えるが、その頃が楽しみだ。この時の遊びの発端から、将来「光産業のまち江南」の担い手が出て来てくれることを期待している。

市内でも「江南LEDイルミネーションコンテスト」が毎年十二月に開催されて、楽しく明るい街づくりに一役を担っている。江南市からLEDを使ったオリジナル商品が産まれて、工業が発展する日を夢見ているのである。

夜空に舞う LED をつけた 100 連凧

江南商工会議所　その三

会議所では、教わることもたくさんあった。

Tさんはヒッチハイクで、世界中を旅したという達人とも言うべき人であった。彼は曰く、

「プラカードを上げて車が止まってくれる確率はとても低いです。しかし、ある時から確率が大変高くなったのです。会頭さん、どうしたと思いますか？」

「うーん。どうするのですかねー？　教えてください」と尋ねると意外な言葉が返って来た。

「簡単です。一般の人は車が通り過ぎると、次の車に焦点を当てるという繰り返しです。しかしこれではうまくいきません。車に止まってもらうコツは一つです。過ぎ去った車が見えなくなるまでプラカードを上げ続ける事です」

ドライバーはバックミラーでヒッチハイカーを観察していて、乗せる乗せないの判断をしている。なるほどある意味事業にも共通点が有るなと感じた。

こんな事もあった。N氏のお母さんの葬儀で、喪主の挨拶の中に「母は、いつもお互い様じゃないかと言っていました」という言葉があった。

たくさんの葬儀に参列したが、この言葉は大変印象的で、失われつつある日本の大切な生活文化が損なわれている現実を考えさせられた。

欧米からの生活文化が採り入れられて、それが高まるにつれてなのかもしれないが、本来の日本特有の良き習慣が遠ざかっていくことに寂しさを感じた。

小学校の先生曰く、「ある父兄が、先生、子供を旅行に連れて行くからテストを別の日に変えて欲しい」と言う。

私にも苦い経験がある。最初に工場を建てた所を更地にして隣地の人達に無料で使ってもらっていたが、ある時その土地に車を止めて話をしていると車が来て「車を退かせ」と言う。「直ぐに退くから良いでしょう」と返すと、「私が使っている所だから退いて欲しい」と言って聞かない。隣の人は良い人だったが世代が変わるとこんな風になるのかと嘆いた。

後日、会議所が女性職員の募集をした。何とその人が面接に来たのである。

「会議所は、会員の皆様の手足となって明るくサービスをして商売繁盛をして頂く処です。貴方には資格は有りません」

キッパリとお断りした。

江南藤まつりであいさつ

中国の兄弟

中国関係は六名の営業スタッフ（日本人三名・中国人三名）で、弊社の総売り上げの二〇パーセントの実績である。これは、決して全体からすると効率が良いとは言えないが、信頼を積み上げながら実績を挙げている弊社の営業スタンスからすれば、皆、大変な努力をしてくれている。

私には〝兄弟〟と呼び合える仲の人が、中国にもいる。浙江利民社の池宁平会長である。彼は私より六歳先輩である。利民社には「ポーラス電鋳型」の採用をして頂く為に何度も弊社営業が訪問したが、「ワンマン会長の許可が出ないと前に進まないので、社長が行って会って欲しい」と言う。

お会いすると、なるほど大きな組織の大将だけあって何事にも慎重ではあるが、顔は慈愛に満ちたいい顔をしていて、人としての魅力に溢れていた。私自身とても良い印象を受けた。永年の懸案であった口座は、その席で開設に至った。

後日、彼が弊社を訪れた。展示室を案内していた時のこと、会社の沿革を食い入るように見ていて、振り向いた途端、

「野田さんも苦労しているねー」

「いやー、そんなこと無いですよ」と言うと、

「私と兄弟になろう、いいか」と言うので、私も彼を尊敬できる人物とかねがね思っていたので、「いいですよ、兄弟になりましょう」と即座に答えた。

中国を勉強する会で「中国の人とビジネスをする上で、日本人はなかなか入ることが出来ないが、卵の殻の中に入ることが出来たらその中は親戚一族と同じで、何でも許される関係となる」という事を聞いたことがあったが、池会長とは有難い事に、そんな関係である。

浙江利民社は、近頃ボルボの乗用車部門を買収して話題になっている吉利汽車社との関係も深い。池会長は靴の製造で財をなした。そのころ吉利汽車社は大変な時期だったと聞いているが、池会長が物心両面で助けた。

今度は、池会長の靴がマレーシア、インドネシアで生産が盛んになり困っていた。吉利汽車社の李書福会長には一言も言わなかったが、他から耳にした李会長が靴の生産をやめて、自社の自動車部品を生産する事を奨めた。

その後、両社は素晴らしい発展をして今日に至っている。浪花節の世界の人間関係が在り、そこに私も加えて頂いている事に感謝している。

池宁平会長（左）と

エルカメット社

「金網配管電鋳」は国内、ドイツ、アメリカで、弊社が取得した特許工法である。三百度以上の加熱オイルを巡回させて、金型表面温度を三百度以上に上げる。ポリカーボネイトのパウダーを型内に放り込んで、中空の肉厚の均一な成型品が出来るのである。

型を造ったものの、世の中にそれにマッチした成形設備が無かった。その為に、自社で造って世に出した回転成形機が「GYRO SPACE」である。

この時は、豊田合成で設計をしていた鈴木昭彦氏が弊社に縁あって入ってくれた時に、彼がこの機械を設計し、国内外の特許も取得してくれた。

大変優れた人で、彼がいなければ出来ない仕事であった。彼は弊社を退社した後、外資系の大手部品メーカーに入り、その後、設計会社を設立し、成功している。

ここで話題にする会社は、エルカメット社である。ドイツの学園都市マーブル市にあり、製造するポリカーボネイトの街路灯カバーは世界シェアーの大半を占め、ほとんどの生産がその本社工場だった。ところが、2000年、エルカメット社は火事が発生して工場が燃えてしまった。

丁度その時に「GYRO SPACE」は完成して、販売をスタートさせた時だった。松下電工（現パナソニック）は協力会社のミサキ電機に依頼して、ポリカの街路灯の国内生産が弊社の「生産システム」で始まった。

驚いたエルカメット社のエバーハード・フラマー社長は技術者を連れて弊社に二度来た。私は一度だけ彼の工場に行ったが、肝心の街路灯の生産工場は見せてくれなかった。理由は「この業界は競争が激しいから」と口を濁していた。

「それなら、他人の会社を見せて欲しいと言わない。見たいのであれば見せて下さい。それが原則でしょう」

どうやら弊社の機械を見て、機械をイタリアで造らせ、型も特許の及ばないイタリアで造っているに違いない。

ドイツ人にも金儲け主義の臍《へそ》の曲がった腰ぬけが居た。弊社の技術供与先のガルバノフォーム社とは大違いの会社だった。

エバーハード・フラマー社長（右から３人目）

スペイン人もハッピー

それは乗客で混んだ土曜日、昼下がりの名古屋駅新幹線ホームでのこと。一人の五十歳過ぎの外人女性が、大きなトランクを二段に積んで、人をかき分けるように通り過ぎようとしていた。

歩き方がおかしいのに気づいて足元を見ると、片方のハイヒールの踵《かかと》の部分が皮一枚で繋がっていて、庇《かば》うようにドッタン、バッタンとおぼつかない足取りだった。彼女と目が合うと、気まずそうに通り過ぎて行った。

何とか、あのハイヒールを直してあげたいと思ったが、キヨスクしかない。キヨスクで解決できる事は何か無いか？　咄嗟《とっさ》に閃《ひらめ》いた。百五円でガムを買って彼女に手渡したが、怪訝《けげん》そうな顔をして受け取れないと拒否した。

「チュウイング・アフター・ザ・ボンディング」（噛んだ後に接着しなさい）

踵を指さして言った途端、ハッと気づいてくれた。彼女も結構カンが良くて、スッテンキョウな声で「グッドアイディアー・サンキュウ・ソーマッチ」（とってもいい考えね、大変うれしい）と言って、ガムを受け取り噛み始めた。

私に「どんな仕事をしていらっしゃるの？」と聞くので、

「自動車のインパネ、ドアーとかを生産する金型を造っていますよ。あなたはどうしてここに？」

「私は、栄で世界のコスプレフェスティバルが開催されていて、スペインのバルセロナからワールド・ビジネス・ディレクターの立場で来ているの」

「それで今から帰るのですか？」

「そう、今から成田経由で帰ります。本当にありがとう。スペインに来たら寄って下さいね」と言って名刺をくれた。

会話をしているうちにガムも柔らかくなってきた。頃合いを見計らって「ボンディングＯＫ」と言って、踵の部分にガムを付けて、ググッと踏み付けると見事に接着完了。私と一緒に新幹線に乗り込んだ。

何故、ガムを思いついたか？　上野駅の階段で見た光景からだ。掃除婦が這《は》いつくばって石にこびりついているガムを難儀そうにコソゲとっている姿が印象に残っていた。

モノづくりの原点はここに有りだと思う。いかに人々をハッピーにするかなんだ。その為、知恵が出て来るというか、授かるのかも知れない。

名古屋駅新幹線ホームで出会ったスペインの女性（諏方香織・画）

真剣さが天にも伝わる

日産「セドリック」のアームレスト（肘掛）型のモデルを佐藤木型製作所にお願いして造っていた時におきた奇跡についてお話したい。

我々自動車関連の会社では、納期は絶対守らねばならないと言う厳しい習慣が当たり前になっている。もし遅れるような事があれば信用はガタ落ち、以後の仕事も頂けない程の大問題になる。常に緊張感を持って取り組んでいるのである。

ところが、お客様の承認を頂く日が月曜日と決められていたにも拘らず、日曜日の朝に進捗状況を見てもとても間に合いそうにない。いよいよ日曜日の二十四時が過ぎたが、まだ丸一日かかる状態。困り果てた末に出た言葉が「新幹線が止まるしか無いな」であった。

しかし、あろうことか何とその夜の大雪で、新幹線開業以来初めて静岡方面で止まってしまったのである。それ以後も静岡方面が積雪で止まったという話は聞いたことがない。

一九九八年、デュッセルドルフでの「K-Show」の出来事である。

カナダの「ウエーバー社」の展示ブースには、弊社の百倍もの速さで造る事の出来ると言う「ベーパーフォーミング」という新工法で、弊社と同じニッケル金型がサンプルとして展示されていて、社長が説明に当たっていた。

しばらく話していたが、理解出来ないところが多く、身近な人を心に描いて「そうだ、豊田合成の安籐光さんを見つけよう」と思った。そして社長に「昼までに通訳を連れて来るからどこにも行かないでほしい」と頼んだ。

携帯電話の無い時代である。しかも二十程の館に四万人以上の来場者である。その中に飛び出して、何の手がかりも無いその中の一人に的を絞って見つけ出さねばならない。

ところが、何と歩き出して五分もたたない内に、前の方から「光さん」が五～六人を連れてこちらに向かって来るではないか。

「光さん、通訳をしてほしいのだが」

「どこで?」「ウエーバー社なんだ」「ウエーバー社ってどんな会社?」

「ペーパーフォーミング工法で製作したニッケル金型を展示しているんだけど、とても早く金型が出来て仕上りが良いんだ」と私が説明すると、連れ立っていた人達も「興味があるから是非行きたい」という。そこでウエーバー社のブースに行き、納得出来るまで社長と話をし、弊社の脅威にはならないと判断する事が出来た。

「光さん、その節はお世話になりました。ありがとう」

ドイツ・デュッセルドルフの展示会「K-Show」

急激な円高

二〇一一年は、米国債が格下げされる事態に伴って急激な円高が押し寄せた。円高は中国市場での、弊社とEUや韓国との戦いで苦戦をした。円決済で中国のお客様とは取引をしていた。

EUとでは二〇パーセント、韓国とでは三〇パーセントの為替によるハンディキャップが生じた。EU圏のガルバノフォーム社も「ポーラス電鋳型」以外の金型では契約上の縛《しば》りは無く、安いユーロを楯に中国市場に乗り込んで来た。コストの面で太刀打ち出来ずに失った商圏も複数有った。韓国のM社も同様に、安いウォンで競争の渦の中に紛れこんで来た。

三〇パーセントのコストダウンを図らなければならない現実に直面した。実際は、ハンディキャップの全てを埋めることは難しかった。お客様先の購買の考え方が、コスト一辺倒で無かった事が幸いだった。それには訳があった。お客様に対する弊社のトラブル対応の良さをしっかり評価してくれていた。

それはお客様先の担当者からメールと電話で、生産時のトラブル発生の第一報が入った時の事である。

弊社では金額も決めないですぐ三名を現地に送り込み、型の修理に取り掛かり、車の生産ラインを止めることなく対応出来た。その事を会社全体で高い評価をしてくれていた。

上海に事務所を開設して、お客様との距離を短くしていた。それに技術力の高さも評価してくれていた。等々で、逆に中国のプラスチック部品最大手のYV社からベストパートナー賞を受けるに至った。

時にはコストの面で折り合いが付かず、受注出来なかった報告を受けた時は、「おあてがいがなかったな」と言ったりもした。精いっぱい尽くして天の判断を仰ぐ、結果が失注《しっちゅう》になるのであれば、それはそれで良いのである。

この様に円高時の海外取引はコスト、コストでじっと耐えた。それでも社員を守り、会社を継続できるコスト以下に下げる事はしなかった。社内の経費節減に社員と共に一丸となって取り組んだ。

社員の賞与も弊社で決めた基準で計算すると最低の金額ではあったが、みんな堪えてくれた。その年の売り上げは三〇パーセントダウンとなった。僅かでは有ったが、黒字決算が出来た。

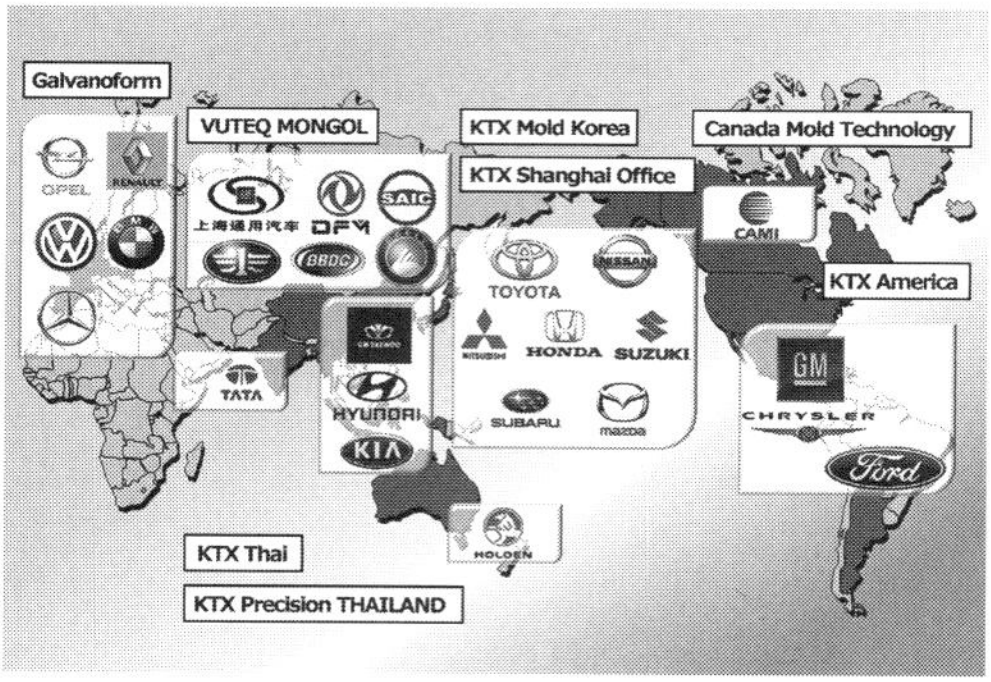

「ポーラス電鋳®」が使われている世界中の自動車メーカーの拠点

ご縁が大切

「衆生近きを知らずして　遠くを求むるはかなさよ」
「譬えば水の中に居て　渇を叫ぶが如くなり」
『白隠禅師座禅和讃』の中の一節である。私はこの言葉が、人と人との「ご縁」を説いているようにも感じている。

いつも身近にいる家内の働きは計り知れないが、その時々において、必ずその場面にこの人がいてくれて、上手く事が運んだということの連続だったように思う。その時には気づく事も稀《まれ》にあるが、大半は後から気づく事となる。いろいろ困難な場面で、実は身近な人に助けられてきていたのである。

電気鋳造のレベルアップを図った人とポーラス電鋳®を使えるまでにしてくれた人は同じであるが、彼がクラス会で隣席の友人に「仕事は有るが人がいなくて困っている」と話しかけたところ、「弟を使ってやってくれ」と言われて、弟さんは入社してくれた。

「マヘッシュ」というネパール人とも面白いご縁だ。いずれインドに営業所を開設する日もあろうから、準備の為にインド語、英語、日本語に堪能である事を条件にインターネットで募集をした。給料は日本人同様で募ったので二百五十名が応募して来た。そこから営業が中心になって一人を選考してくれた。

マヘッシュ君に絞られ、採用を決めた。ところが奇妙な事が起きた。なんと翌日、隣家の奥さんがマヘッシュ君を連れて我が家に挨拶においでになった。「この度、私達のグループが面倒を見ていたマヘッシュ君を採用頂き、ありがとうございました」と言われて驚いた。

数年後、彼の結婚式がネパールの首都カトマンズ市内で執り行われた。やがて披露宴となり、私の隣席にファーストレディが着席された。この関係もご縁だったが、どうしてその様な方が出席されるのか疑問になり、後日「お父さんの職業は？」と聞くと、「結婚式の当時はネパール中央銀行のナンバー3の立場だった」という。

その後、二児の父親となり営業力も身につけ、この度、初めてスペインからまとまった仕事を頂けるまでに成長してくれている。喜ばしい限りである。

マヘッシュ君の家族に囲まれて。お母さん、筆者、近藤さん、マヘッシュ君、お父さん、お祖母さん（左から）

あてがい

「銭麗麗《センリーリー》」という名前の中国人で、日本に留学していて、卒業と同時に正社員として採用した人がいる。言葉は全く問題なく、発音もよく非常に活発でやる気、元気を兼ね備えた優秀な女性である。社内では中国営業の補佐的な役割を果たしている。

営業担当者に誰もがあこがれる営業バッグを渡した時の事である。彼女には考えた末に渡さなかった。しかし、彼女は「私も欲しい、下さい」という。

そこで私は、

「日本の文化は、本来要求する文化は無い。周りから認められて目的を果たす。それを『あてがい』と言うんだ」

「何も知らなくて恥ずかしい。頑張ります」とけなげな言葉が返ってきた。

半年が過ぎ海外出張の仕事も増えて来たころを見計らって、手渡した。言うに及ばず、大変喜んで受け取ってくれた。

「趙培彰《チョウチャンベ》」という韓国人で、弊社韓国法人「KTX－モールドコーリア・コーポレーション」の責任者がいる。彼が弊社に入ってくれてから、韓国の売り上げは飛躍的に伸びた。

彼は、私が営業をしていた時のお客様の立場だったのではあるが、何度か勤めを変えた後、縁あって弊社の社員になった。

やはり、その国のDNAを持った技術者が営業をするべきと確信を持った。心配りや細かな慣習に至るまで知った上で、営業をする事が成果に結びつきやすいと思った。

一つの例を上げると、彼と大宇自動車社に行った時の事である。雪が散らつく大変寒い日だった。私は裾の短いオーバーを着て車外に出た。彼はオーバーを持って来ていながら着ない。

「寒いのにオーバー着ろよ」と促すと、「いや私は着ません」。

「何故？」と聞くと、

「私のオーバーは社長のそれより裾が長いのです。ですから私がこれを着てお客様にお会いすると、私も恥ずかしいですが、社長も教育が出来ていないということで良く思われません」

「それが儒教の教えだな」

「そうです」

基本的な考え方の中に、儒教の教えを習慣にまで高めて営業に当たってくれている事に、心が通い合うものなのだろうと思うのである。

趙培彰さん（左端）筆者（中央）、現社長（右端）

おわりに

お陰さまで、来年（二〇一五年）は創業五十周年を迎える事が出来そうである。顧みれば、その時々において、その場面で、その人が最高と思われる人が現れて助けてくれたり、技術を発展してくれたりの連続だった。多くの人との出会いに恵まれ、助けられてきた。その事を思う時、感謝の気持ちで一杯だ。スマホやロボット、それらの融合の時代がもう始まっている。近頃は知識を取り入れる事は容易だ。今こそ実体験を多く積んで、人間としての正しい判断力を身に付けたいものだ。

本書に記載した「24の会」の意見交換で、日比野良太郎氏（現犬山商工会議所会頭）が「人は生まれてからどれだけ実体験をしたかが、価値観のバロメーターだ。例えば、ハイハイして縁側から実際に土間に落ちたとしよう。痛いと思って、ポテトチップス一枚、あるいは餃子の皮一枚、と言った具合に、より高く実体験を積み上げる事が大事なのですね」と言っていた。

まさにその通りで、どんな時代が来ても司令塔は人間だから、だからこそ自然の懐の中で、原理原則をもっともっと幼少時に体験をする社会環境が必要ではないだろうか。その意味で、地方は過疎化でせっかくの自然がアクビをしている。

あまり科学を追求していると、本来人間が持ち合わせている大切な「自然力」がそぎ落とされていってしまうのではないか。その現実に警鐘を鳴らす意味でも、ここまで幾つかの実体験とその実相を記載してきた。

最後に、見えない世界の、人と神との関係を見える形で、置き換えて見るとしよう。私はこのように考えている。今、まさに鵜飼のシーズンだから「鵜匠は神、鵜は人」と想定する。

神である鵜匠は、人である鵜に鮎が獲りやすいようにと導きながら、怠り無くヒモを操作している。鵜がお構いなしに勝手に動き回るとしたら、そのうちにヒモとヒモが絡み合って潜ることすら出来ない。つまり、成果も上がらない。

現実は、こんなことではなかろうか。

最後までお読み頂いて有難うございました。

長良川の鵜飼

あとがき

日ごろから、今までの人生を振り返って本に出来たらどんなに素晴らしいことかと思っておりました。それはピアノが弾けない私が、一曲でいいから弾けたらいいなと想うのに等しいものでした。

そんな想いが、中部経済新聞社取締役編集局長の後藤治彦氏より突然話を頂いたことから始まりました。

全く経験を持たない私には、またとないチャンスを頂いたのだから思い切ってチャレンジしようという気持ちがありました。しかしながら、今まで連載されている方々の経歴を理解していましたから、私には荷が重いのではないかと尻込みをしているところもありましたが、そんな私の背中を押すかのように薦めて頂きました。

ＫＴＸ株式会社の創業者としてまとめておく事も務めであり、また、来年は五十周年という節目を迎える年でもありましたのでいい時にお話を頂いたものだと大変喜んでいる次第です。

連載中は「マイウェイ、読んでいるよ」「展開が楽しみだ」「図書館に行って読んでいる」等と多くの方々から激励のお言葉やら手紙を頂きました。本当にあり難く思っております。連載を終えた今では、まだ書いておきたい事もありましたので、本書をまとめるにあたって追加をさせていただきました。

後藤編集局長にはこのような機会を頂きましたことに心から感謝しております。また、編集局の堀田部長には適切なるアドバイスを頂きました。ありがとうございました。

事業を進める場面で、ひとつずつ乗り越えねば成らない時にお陰さまで救世のように現れて助けていただいたことが、本当に数多くありました。「人の力」

に恵まれました事は、この上なき幸運だったと、ご縁があった方々に心から感謝いたしております。

科学万能主義ではどこかで行き詰まる時がきます。『自然力』を養い、融合させせないといけない事を幾多の例から汲み取って頂きたかったのです。「カーナビ」は確かに便利ですが、これによって「勘」を働かせる事も必要無くなりました。全ての面でそうなりつつある現実を危惧せずにはいられません。

本書の「はじめに」で申し上げました、中小企業の創業者としての生き様が何かのお役に立つ事が出来ればこの上なき幸いであります。有難うございました。

平成二十六年十二月吉日

筆　者

＊本書は中部経済新聞に平成二十六年七月一日から同年八月二十九日まで五十回にわたって連載された『マイウェイ』を改題し、新書化にあたり加筆修正しました。

野田 泰義（のだ やすよし）

1956年（昭和35年）岐阜工業高校卒。MTP化成入社後、協豊会短期大学講座終了。加藤仏壇店勤務を経て、65年江南特殊工業創業。75年江南特殊産業に改組、代表取締役社長に就任。2011年KTXに改称。14年5月会長に就任。2010年藍綬褒章受章。名古屋市出身。

中経マイウェイ新書　023

見《み》えない世界《せかい》の大切《たいせつ》さ

2015年1月15日　初版第1刷発行

・

著者　野田《のだ》 泰義《やすよし》

発行者　永井 征平　発行所　中部経済新聞社

名古屋市中村区名駅4-4-10　〒450-8561
電話 052-561-5675（事業部）

印刷所　モリモト印刷株式会社　製本所　株式会社三森製本

ISBN978-4-88520-191-2